U0447742

西南联大研究书系编委会

主 任
丹　增

副主任
沈克琦　赵存生　贺美英　陈　洪　周本贞

委　员
（以姓氏笔画为序）

马建钧　叶宏开　田　芊　朱　曦　李广凤
李世锐　杨立德　何学惠　高建国　张曼菱
周　爽　徐振明　郭建荣　梁吉生

主　　编　郭建荣
副 主 编　马建钧　周　爽　张爱蓉
参编人员　（以姓氏笔画为序）
　　　　　马建钧　文清河　冯　茵
　　　　　朱俊鹏　刘晋伟　刘惠莉
　　　　　孙宇华　李广凤　李世锐
　　　　　李向群　杨立德　张爱蓉
　　　　　周　爽　徐振明　郭建荣

国立西南联合大学图史

主编·郭建荣

云南出版集团公司
云南教育出版社

目录

相期俱努力　天地正烽尘——写在前面 ... 4

第 1 章　斯文一脉 ... 14

第 2 章　民族危机 ... 28

第 3 章　奉命迁湘 ... 44

第 4 章　徒步千里 ... 58

第 5 章
落户昆明　　　　　　　　　　　　98

第 6 章
刚毅坚卓　　　　　　　　　　　　116

第 7 章
名师荟萃　　　　　　　　　　　　134

第 8 章
以笔为缨　　　　　　　　　　　　160

第 9 章
梅花傲雪　　　　　　　　　　　　180

第 10 章
胜利北返　　　　　　　　　　　　204

第 11 章
留芳于滇 218

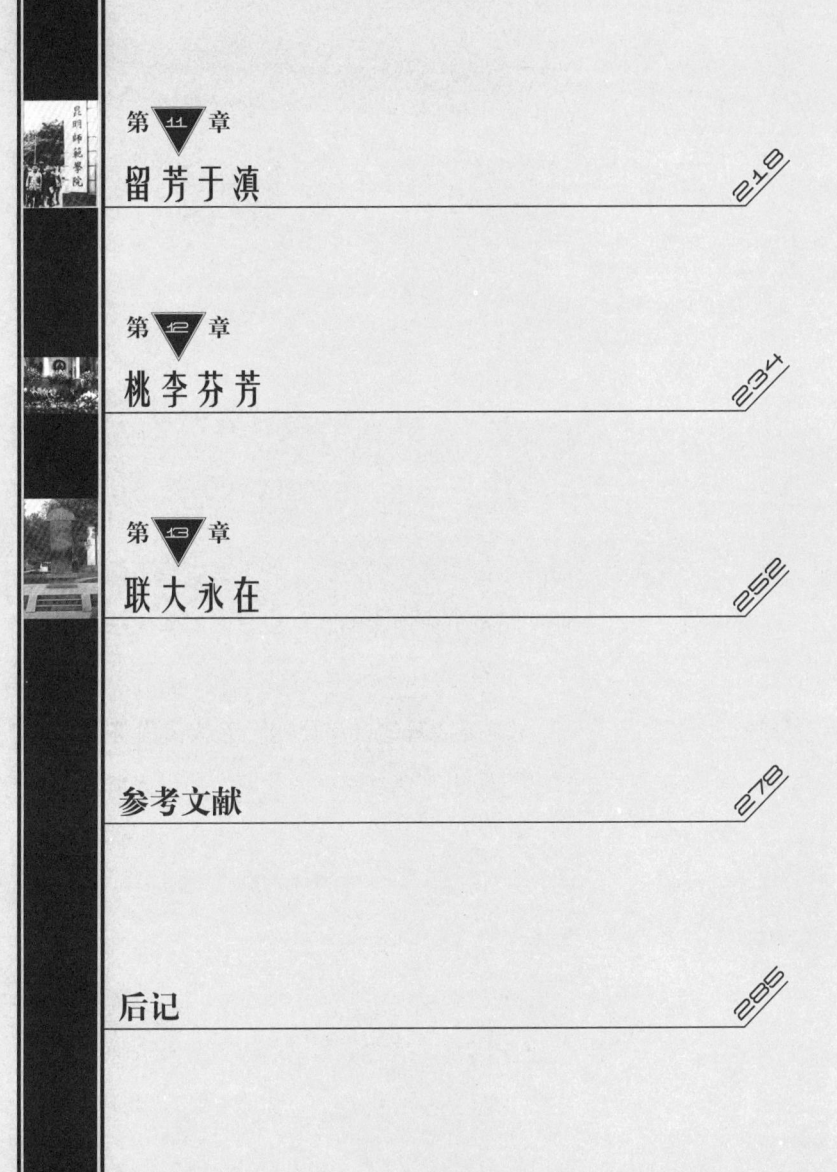

第 12 章
桃李芬芳 234

第 13 章
联大永在 252

参考文献 278

后记 285

相期俱努力
天地正烽尘

——写在前面

  国立西南联合大学是日本侵华战争的产物。它是由以天下国家为己任，肩负着求富求强、振兴国家历史使命的北京大学、清华大学、南开大学在抗日战争时期被迫南迁联合组成的一所特别大学。

  在抗战的艰苦岁月，在地处边陲的云南昆明，联大人满怀国仇家恨，以"刚毅坚卓"的精神，做出了卓然超群的业绩，为世人所注目。西南联大结束半个多世纪以来，海内外学者探索研究不断，人们思索着那么多个为什么：

  为什么联大能一扫中国千百年来形成的"文人相轻"之陋习，而维三校，如胶结，同艰难，共欢悦？

  为什么"饭瓢凝尘腹半虚"，"既典征裘又典书"，菲衣恶食的联大教师们能不厌不倦，自敬其业，著书立说，研究学问，倾其所学培养学生？

  为什么衣食不继，饿倒病倒仍坚持学习，甚至泡茶馆读书的联大学

生们能成栋梁之才，而且那么多？

为什么几十年来每到联大校庆日，联大校友甚至家属，总是那么踊跃参与，并壮怀激烈地高唱那似战歌、似史诗、似战鼓催人的激扬悲壮的联大校歌？

为什么年高体衰、收入不丰、自奉甚俭已离退休的联大校友，自发捐资在西南边穷地区兴建了六所"西南联大希望小学"，并设有奖教金、奖学金？

……

为了探寻这许多为什么，多年以来，我们无数次拜访联大校友及其亲属，聆听他们激动人心的讲述。并翻阅了无数发黄变脆的档案、报刊、照片，辨认着因年代久远而模糊的各种笔迹、字体、景象、人物。国家衰微，民族灾难深重，人民奋力抗争的峥嵘岁月又在眼前浮现：耀武扬威的日本兵踏上了古都北平的城楼；南开大学一个学术机关竟被日本飞机炸成残垣断壁……在日寇侵华的枪炮声中，肩负着求富求强求新、振兴国家使命的北京大学、清华大学、南开大学，为保存国之一脉，不得不离开平津，辗转曲折迁往湖南，奉命在长沙组成临时大学；未几，战事西移，临大师生又被迫西迁昆明。其数百人的"湘黔滇旅行团"师生，跨越三个省份，行程三千多里，完成了中国教育史上的空前壮举。他们一路采集标本，考察物产、民风……是一次不折不扣的"社会即学校，生活即教育"的实践。在湖南，他们感受了"楚虽三户，亡秦必楚"（《史记·一》300页），"湘蛮子"的"吃得苦，挺得住，霸得蛮"的"便一成三户，壮怀难折"的英雄气概；经贵州，他们体味了"天无三日晴，地无三里平，人无三分银"身受烟害的贵州民间的地瘠民贫，但忠厚、热诚、勤劳、善良；到云南，这里的安宁、质朴、重文、爱美、不辞劳苦等纯朴的滇国风情使师生们感到温暖和振奋，这来自民间的亲身感受，极大地丰富了旅行团师生的精神世界，磨砺了他们的意志，震撼了他们的心灵，使他们的思想得到升华。旅行团成员的经历成了联大师生的共同财富，在整个联大发酵、放大，对形成"刚毅坚卓"的联大精神不可或缺。

沿途一处处"断山疑画障，悬溜泻鸣琴"，"江作青罗带，山如碧玉簪"的大好河山激发起师生们为国效命的激情；一片片罂粟花和不时见到的出售鸦片、烟枪、供香的商摊使师生们忧心忡忡；一次次当地政府和民众的欢迎款待，使被视为"振兴民族的领导者"的联大师生感到肩头责任的沉重和义不容辞；各地人民生活贫困但顽强不屈、不可征服的精神，又给师生们以坚定的信念和力量……

一张张租借、修葺房屋的契约、合同，诉说着联大校舍的窘迫、时常搬家的艰难情形。校舍分散到"昆明有多大，联大就有多大"的地步，仍难以租借到够用的房屋。闻一多、华罗庚两教授，为躲避空袭，有一段时间不得不两家人共用一间屋，中间用布帘隔开，形成一室两家的"布东考古布西算"的奇特格局。然而"专业不同心同仇"，为抗日救国，他们不顾空间的狭窄，不怕往返几十里上课路远奔波的劳顿，仍全身心地投入教学和科研，为着"驱除仇寇复神京"后的中兴建国而培植和积蓄力量。

一页页沉重的经费报表、生活指数表、生活补贴报告等，展示着联大经费的奇缺。因无力购置足够的仪器设备、图书资料，教学科研不得不多方采用代替品，向中央研究院历史语言研究所借阅图书，用废弹药箱叠起做书桌书架，即使旧日历、废讲义也常翻转背面再用，连梅贻琦常委的讲稿、函件也有用废纸起草的。教职员们只能领到六七成薪水，还要扣除所得税、飞机捐、前方将士寒衣捐、买公债等等。所剩无几的工资，在物价腾贵的昆明，一般只能维持十天半个月的生活。因此，名教授的他们也不得不卖衣、卖字、治印、养猪、做肥皂，甚至忍痛割爱将多年搜求珍藏的珍本书卖掉来维持生计；教授夫人则绣手帕挎包、做糕点出售，以补贴家用。化学系教授黄子卿曾疟疾缠身经年，卖衣、卖书以购药；患贫血病的史学家雷海宗教授曾昏倒在路上；书卖光了的袁复礼先生一日只能吃两顿饭；萧涤非教授因妻病家贫，不得不将未满周岁的女儿送人，临别洒泪赋诗："好去娇女儿，休牵弱母心。啼时声莫大，逗者笑宜深……"（《西南联大北京校友会简讯》第12期28页）读来令人心碎。更有生物学系教授吴韫珍、社会学系教授陶云逵，虽贫病交加仍坚持野外采集和边疆实地考察，终因工作辛劳、病体虚弱、营养极差、无力治疗，年届不惑即早逝……

教员如此，学生更苦。由于联大学生多数来自战区或沦陷区，经济来源困难或基本断绝，加上昆明物价奇贵，他们中大多依靠微薄的贷金、救济金度日。因此，关于学生贷金、救济金的办法、条例等的讨论、制订等是联大常委会、校务会中的重要议程之一。学校无力完全解决，学生们为填饱肚子不得不四处兼差，或卖盐、卖报、卖票，或做译员、校对、家庭教师，甚或去做油漆工、放炮报时……真是五花八门，只要能补贴度日，他们有事就做。即使如此，不少学生一日只能吃上两餐饭，因此常有学生在课堂上晕倒病倒。"由于山河破碎，国难当前，心情沉重，大家都有一种学术上的责任感，学风也沉潜笃实。同学们没有人混日子、不钻研的……"（《郑天挺学记》41页）

生活困苦还时常遭受日机轰炸。最紧张时一周需跑避五六次，因此上课时间不得不改变和缩短。1941年的一次空袭中，华罗庚教授竟遭"活埋"，险些丧命在躲避空袭的土洞中。

……

书生报国，笔扫千军。不能亲赴前线参加战斗的联大教师们，只有积极从事教学和科研。一摞摞各色卡片，一册册添满边白、粘有小条的讲稿展现着教师们认真备课，不断加入最新研究成果，丰富讲课内容，精益求精，身处乱世不仅不懈怠，反而更加奋发的教学状态。

一本本著作在战火中问世，那是联大教师们的特别武器。他们知道，救国经世，必以精神之学问为根基，学术研究是立国兴邦的命脉所系。因此，执行"战时须作平时看"的方针，培育人才为战后复兴建国做准备。他们拼命搞研究，并多出成果。其中华罗庚的开创性著作《堆垒素数论》、吴大猷的《多原子分子的振动光谱及结构》被视为该领域的经典而使用几十年。张青莲的《重水之研究》、赵九章的《大气之涡旋运动》、孙云铸的《中国古生代地层之划分》、冯景兰的《川康滇铜矿纪要》、马大猷的《建筑中声音之涨落现象》、闻一多的《楚辞校补》、冯友兰的《新理学》、陈寅恪的《唐代政治史述论稿》、汤用彤的《汉魏两晋南北朝佛教史》等等大批奠基性论著获教育部嘉奖。

一篇篇时文发表在《大公报》、《中央日报》、《云南日报》等报刊上，体现着联大人的忧国忧民情怀。黄钰生的《开明的教育》、曾昭抡的《中国青年的出路》、华罗庚的《数学与思想训练》等在关怀、指引青年学生的成长；吴晗的《农业与政治》、费孝通的《屯兵于工》、潘光旦的《工与中国文化》、《人口数量的一个政策》等在探讨工农业生产与国家政治、军事、文化的关系；而直接与抗日战争紧密结合的则有刘文典的《美日太平洋大战和小说》、闻一多的《可怕的冷静》、鲍觉民的《我国必须收复台湾》等等，犹如射天狼的雕弓与长矢。

满腔公仇私仇、满怀国忧家忧的联大师生们不能不用上战场的劲头，团结无间，奋力竞赛地教与学。因为他们知道"要恢复失掉的家乡"，"抗战救国都要我们担当"，就必须"赶紧学习，赶紧准备"，"要利用宝贵的辰光"。师生们还利用课余、假期到工厂、农村、部队，用高亢的歌声和真情的表演宣传抗日，慰问抗日将士，开展民主运动，活跃校园生活。"会挽雕弓如满月"，东北望，"射天狼"，是他们当时的心境。他们感到只有这样才对得起前方的将士和人民，才算尽了一个国民的职责，才对得起自己的良心……

殷忧思报国，多难想兴邦。联大师生亲身体验到国破家亡、民族被蹂躏的苦痛，决心为救国而教，为救国而学。"相期俱努力，天地正烽尘。"他们以"刚毅坚卓"的精神团结奋斗。"宝剑锋自磨砺出，梅花香自苦寒来"。捧读联大师生名录，你会发现其中许多是耳熟能详、名闻遐迩的各界名流。这里走出了诺贝尔物理学奖获得者李政道、杨振宁；获得国家最高科学技术奖的黄昆、刘东生；为祖国做出杰出贡献的"两弹一星功勋奖章"获得者郭永怀、陈芳允、屠守锷、王希季、邓稼先、朱光亚等；还有唐敖庆、郑哲敏等大批院士。另外，联大八千名学生中，先后有上千人参军参战，为国效力，其中有梅贻琦常委的一儿一女一侄（梅祖彦、梅祖彤、梅祖培）。联大纪念碑勒英名八百余，万世流芳。

1945年8月15日日寇投降后，艰苦的抗战结束了，全国人民渴望和平建设家园，然而蒋介石却要消灭共产党，发动内战。为了反对内战、和平建国，联大师生与昆明各界人士进行了反内战斗争。《告昆明全市人民书》、《告全国人民书》、《告美国人民书》、《罢课宣言》、《反内战口号》、《为"一二·一"死难烈士举殡告全国同胞书》、闻一多教授的最后一次讲演……映现出那风雨如晦、特务横行、师生奋斗不息的日日夜夜。

联大在做好本身工作的同时，还与云南省教育厅合作开办中学教师晋修班、训练班、西南讲座等以培养提高当地师资水平。还应云南大学熊庆来校长之请，先后有陈省身、华罗庚、曾昭抡、赵忠尧、张青莲、冯景兰、冯友兰、汤用彤、吴晗、赵诏熊、吴征镒、罗庸等联大教师到云大授课。云大在几年间由1937年的2院7系扩展为5院18系、3个专修科、3个研究室，还附设医院、天文台、农场等。联大在昆九年为云南所做的贡献在《公送国立西南联合大学北归复校序》中有生动的描述："联合大学之于滇，自师范学院、附属中学之设立，本省各级学校之协助，学术公开之演讲以及公私经画之匡襄，庶政百业之赞导，既至繁巨，不可以悉举……"结茅立舍的西南联大，"集诸科多数之专家，得悠长之岁月，或以修志苴莅其地，或受委托精研其事"，则是对罗常培、郑天挺等参加大理县志修纂并调查研究当地少数民族语言、经济、地理、民俗等，沈同教授以云南盛产之野果余甘子为材料研究维生素C与造血机能的关系，工学院施嘉炀院长主持云南省水力发电勘测工作，化工系主任苏国桢教授创办恒通酒精厂，张大煜教授创办利滇化工厂，还有联大与云南有关部门合作进行的"滇缅公路沿线木材之分布及强度研究"、"石佛铁路沿线社会经济状况调查"等等的概括。总之，西南联大"留滇九年，凡所以导扬文化，恢宏学术者无不至，一时文教之盛，遂使昆明屹然为西南文化之中心"。

1946年7月31日，西南联大结束，联大师范学院留昆续办，称国立昆明师范学院（今云南师范大学前身），作为西南联合大学对云南各界在八年中给予办学支持的答谢，几十年来云南人民一直把师院看成不走的西南联大倍加珍爱。云南省、昆明市商会《公送国立西南联合大学北归复校序》及赠北大、清华、南开三校屏联，对联大在滇办学的历史功绩给予很高的评价，誉为北斗。联大在答云南各界的《惜别谢启》中满怀深情地感谢云南人民的厚爱与大力支持，表示"桃潭千尺，未足喻此深情"，一朝分别"室去临歧，难有琼瑶之报"，今日北返，将永远"瞻怀斯土"，企盼重晤……联大师生与云南人民的厚意深情，书不尽意，绵绵永存……

希望本书的面世能生动再现这一段艰辛、辉煌、壮怀激烈的峥嵘岁月，并带给人们更多的信息、更多的思考、更多的启迪，作为研究西南联大之一助。它更将激励我们继承和发扬联大精神，在今天经济竞争、科技竞争、人才竞争等达到白热化的烽尘滚滚的新的世界形势下，为祖国的富强繁荣，为子孙后代不再经历那样的苦难而"相期俱努力"！

郭建荣

2005年10月29日于北京大学校史馆

第 1 章

斯文一脉

第一章 斯文一脉

文化学术在维系民族发展、国家独立中具有重大作用，为国之一脉。不同文化学术的陶融熏染，可使人形成不同的世界观、人生观、价值观。从而或则高尚，或则卑俗；或则伟大，或则渺小；或贪或廉，或怯或勇……因此研究文化学术的学科众多，如文化社会学、文化人类学、文化生态学、文化经济学、文化史学等等。由于文化学术在社会发展中的巨大作用，有人提出"文化决定论"。史学家总结的"欲灭其国，先灭其史"；"亡其国，亡其种，必先亡其魂"等，其中的"史"和"魂"便是由文化学术所铸成。法国文化的重要组成部分法语将被禁止使用之前，韩麦尔先生的最后一堂法语课上得那么严肃、庄重、感人、不同寻常，《最后一课》成为世界名篇，其原因可能就在于此。

一个民族，一个国家中，其文化学术代表人物或代表机关，往往有着更强烈的历史责任感、使命感，他们"居庙堂之高则忧其民；处江湖之远则忧其君"，"天下兴亡，匹夫有责"，"先天下之忧而忧，后天下之乐而乐"等，常常被他们所挂怀、思考，并付诸行动，成为历史变革中维护国家独立的先进部分。作为近代中国维新变法产物的京师大学堂（后改称北京大学），从1898年创办起便肩负着求富、求强、求新的国家历史使命，管学大臣张百熙所题"学者当以天下国家为己任，我能拔尔抑塞磊落之奇才"正代表了为国育才、以图富强的思想。1903年的"拒俄"运动，1919年的"五四"运动，1927年的"满蒙研究会"（后改称"东北研究会"），1931年的南下请愿示威，1933年的"北大一九三六研究会"，1935年的"一二·九"运动……无不说明这一点。正如南开大学校长张伯苓先生所说："南开学校系因国难而产生，故其办学目的，旨在痛矫时弊，育才救国。"在蔡元培长校后，北京大学不仅成为新文化运动的中心、"五四"运动的策源地，而且成为马克思主义传播和中国共产党的最早活动基地，而中国共产党的诞生，改变了中国现代史的进程，使中国走向独立自主和初步繁荣，更是明证。人所共知，北京大学、清华大学、南开大学培养出大批国家栋梁之材、学界泰斗人物，是文化学术代表性机关。诚如冯友兰先生所说："自沈阳之变，我国家之威权逐渐南移，唯以文化力量与日本争持于平津，此三校实为其中坚。"正因如此，日军侵占平津后三校受害，尤其对南开大学进行了疯狂野蛮的摧残和破坏。南开大学被炸成残垣断壁之后，茅盾等几十位文化界名人致电张伯苓校长进行慰问，并对日寇野蛮摧残我文化机关表示极大愤怒。日寇之所以仇视我文化学术机关，正如黄炎培先生所指出的："今敌人……有意毁灭南开大学，适足以证明被毁灭者不但在文化上有伟大贡献，致惹起敌人的嫉恨，并且它所养成的青年，他们的思想和能力是给民族前途以重大保障，使敌人发生不容并立的感觉……"（《张伯苓教育思想研究》291页）梅贻琦对日寇摧残清华园也表示了同样的看法："夫敌人之蓄意摧残我文化机关……物质之损坏有限，精神之淬励无穷，仇深事亟，吾人宜更努力灭此凶夷；待他日归返故园，重新建设，务使劫后之清华，益光大灿烂……"（《清华大学史料选编·三（上）》19页）

为了维系国之一脉，图以后之发展，国势危难，抗战军兴之际，将文化学术机关迁至西北、西南的偏隅地区予以保存是历史的必然。社会上一般称之为"保存国粹，保存文化"、"文化大迁移"等。西南联大名师荟萃，学者云集，他们大都博古通今，学贯中西，都肩负着保存和传承文化学术的责任。尤其是历史学家、哲学家更为敏感，洞悉历史经验，他们考察古今世界局势的变迁，看到一代人的文化学术趋向，往往能转移一时之风气，而影响其后一段历史的进程。在大片国土沦丧，国人在日本侵略者统治下过着亡国奴的任其杀戮的悲惨生活，全国军民浴血奋战，华夏民族面临生死存亡关头之时，逃亡漂泊在西南一隅的联大学人，不能不想起中国历史上类似的情形，瞻念前途，努力奋斗。冯友兰先生在国立西南联合大学纪念碑碑文中说："稽之往史，我民族若不能立足于中原，偏安江表，称曰南渡。"并历数晋人南渡、宋人南渡、明人南渡，三次南渡而不得北返的历史事实，感叹而今唯我人此第四次之南渡，能于不到十年时间胜利北归，实可纪念。

  陈寅恪先生为学界泰斗，对文化学术爱惜之若性命。在日本侵略者已侵占了大半个中国，土广民众的祖国面临着灭亡危机之时，陈先生以病弱之躯，在生活极端困难、资料极其缺乏的昆明，"乃勉强于忧患疾病之中，姑就一时理解记忆所及"勉力著述。其《隋唐制度渊源略论稿》（1940年）指出"秦凉诸州西北一隅之地，其文化上续汉魏、西晋之学风，下开（北）魏、（北）齐、隋、唐之制度，承前启后，继绝扶衰，五百年间延绵一脉……"（《陈寅恪先生史学述略稿》142页）就是说，汉、魏、晋虽亡，但汉、魏、晋之文化学术得以保存于西北一隅，终成为魏太和时代之文化源头的一个支脉，发扬光大而成为盛唐典章制度的渊源之一。陈寅恪先生向往续命河汾以保存文化学术的想法，也正是流亡西南的联大学人的共同思想。隋代大学者王通，绛州龙门（今山西河津）人，执教乡里，弟子众多，时称"河汾门下"，其中魏征、房乔、杜如晦、李靖等唐贞观之治的有功之臣均出其门下。因此，王通隐居河西讲学不辍，保存文化学术以为后世发展的历史事实深为陈先生所赞赏："惟此偏隅之地，保存汉代中原之文化学术，经历东汉末、西晋大乱及北朝扰攘之长期，能不失坠，卒得辗转灌输，加入隋唐统一混合之文化，蔚然为独立一源，继前启后，实吾国文化史之一大业。"（《陈寅恪先生史学述略稿》9页）这里陈先生指出了保存文化学术图以后发展的重要。

当年的西南联大学人,继承三校"学者当以天下国家为己任"、"兼容并包"、"思想自由"、"要大学好,必先要师资好"、"研究是大学的灵魂"、"通才教育"、"育才救国"等办学理念与传统,团结无间,拼命努力为把我国文化学术保存于西南一隅,为将华夏民族的命脉延续下去而弦歌不辍尽了自己的一份力量。因为他们坚信,总有一天我们会收复失地,金瓯无缺。"中兴业,须人杰",重建家园需要学术文化的发扬光大,更需要掌握学术文化之众多赤子报国。西南联大培养的众多国家栋梁之材,他们在政治、经济、科学技术、文化艺术、法制建设等等方面,几十年的卓越贡献已经证明,当年"绝徼移栽桢干质"的正确。为了国家民族的发展富强,必须保存斯文一脉。

还是陈寅恪先生说得好:"自昔大师巨子,其关系于民族盛衰学术兴废者,不仅在能承续先哲将坠之业,为其托命之人,而尤在能开拓学术之区宇,补前修所未逮。故其著作可以转移一时之风气,而示来者以轨则也。"(《陈寅恪先生史学述略稿》10页)

第 4 章 斯文一脉

◀ 北京大学校门。

▼ 清华大学校门。〔选自《清华大学志》〕　▼ 南开大学八里台校门。

◀▶ 北京大学校旗、校徽。（北京大学校史馆，北京大学档案馆提供）

◀▶ 清华大学校旗、校徽。（选自《清华大学史料选编·一》，北京大学档案馆提供）

◀▶ 南开大学校旗、校徽。（选自《南开大学校史资料选》，北京大学档案馆提供）

第 1 章 斯文一脉

北京大学校长蔡元培及《自写年谱》手迹。蔡元培对北大进行卓有成效的改革，化腐朽为神奇。蔡元培的办学理念与原则："循思想自由原则，取兼容并包主义。"其主要举措为：立原则、揽人才、建体制、养风气、倡科研、广交流等。美国学者杜威评论说："拿世界各国大学校长来比较，牛津、剑桥、巴黎、柏林、哈佛、哥伦比亚等等，这些校长中，在某些学科上，有卓越贡献的不乏其人，但是，以一个校长身份，而能领导那所大学对一个民族、一个时代，起到转折作用的，除蔡元培而外，恐怕找不出第二个。"（《蔡元培研究集》122页）

▲ 北京大学校长蒋梦麟（1886~1964，字兆贤，号孟邻，浙江余姚人）。他是北大历史上任期最长的校长。在蔡元培校长离校期间，曾多次代理校务，1930年他正式长校后推进和发展了蔡元培的办学理念，并完成了图书馆、地质馆、新宿舍三大建筑，形成北大历史上一个新的发展期。正当蒋梦麟带领北大师生致力于中兴时，日本侵略者的枪炮打碎了一切。（北京大学图书馆提供）

▲ 清华大学校长梅贻琦（1889~1962，字月涵，天津人）。1931年12月3日，他在就职演说中说："所谓大学者，非谓有大楼之谓也，有大师之谓也。"其重视教授治学的理念常常被人们所推崇和引用。此外梅校长追求学术自由以造就通才，他说："对于校局则以为应追随蔡子民先生兼容并包之态度，以克尽学术自由之使命。"（选自《国立西南联合大学史料·一》）

▲ 南开大学校长张伯苓（1876~1951，原名寿春，天津人）。他早年毕业于北洋水师学堂，在"通济轮"服务时，曾目睹威海卫"国帜三易，悲愤填胸，深受刺激！念国家积弱如此，苟不能强，奚以图存？而自强之道，端在教育：创办新教育，造就新人才"。于是他终身从事教育，为国育才。对中国革命和教育事业做出巨大贡献的周恩来、梅贻琦等都是他的学生。（北京大学校史馆提供）

◀ "五四"运动中北大学生队伍向天安门进发。（北京大学校史馆提供）

◀ "五四"运动中的标语。由于蔡元培在北大的改革，使北大成为新文化运动的中心和"五四"运动的策源地，因此在蔡先生逝世后，"延安各界追悼蔡元培、吴承仕先生大会"给蔡先生家属的唁电中说蔡元培"……民六任北大校长，网罗人才，兼收并蓄，学术思想，主张自由。伟大的"五四"运动，实先生提倡诱掖，导其先路。"（延安《新中华报》1940.4.19）（北京大学校史馆提供）

▲ 1929年南开大学"东北研究会"成员在黑龙江省考察。1927年南开大学校长张伯苓在东北亲见"日人经营满蒙之精心与野心"（《南开校友通讯复19期》153页），回校后遂成立"满蒙研究会"（后改名"东北研究会"），组织教授赴东北调查实况，搜集资据。该会在创立之缘起中指出："考外人之谋我也，必先审其地利，查其山川，物产之所宜，舟车之所至，形势险要之所在，人人习而知之，乃能长驱深入，如履堂奥。今东北各省陷于危局，而我国人士能言之、知之者实鲜。此东北之所以危而吾国之所以弱也……南开学校师生等顾念及此，爰匹夫有责之义，于民国十六年秋，相于立会研究。"（《南开大学校史资料选》353页）该会从搜集东北详实资料入手，开展学术研究，并利用其成果教育民众。1931年"九一八"事变后，"东北研究会"主任干事傅恩龄（张伯苓校长秘书）编写了二十万言的《东北经济地理》，通过大量统计数字系统介绍了东北各省的自然资源和人文地理，该书作为南开中学必修课的教材，"教导学生加深了解何以东北对祖国是那样重要、神圣……这本教材无疑义地是当时国内有关东北地理有限著作之中最好的一部"（《南开大学校史资料选》392页）。之后南开大学一直为天津抗日救亡运动的中心，也因此遭日人嫉恨。（南开大学档案馆提供）

◀ 出征抗敌的东北义勇军。他们是"九一八"之后，为抗击日寇的烧杀抢掠组建起来的抗日武装，形式多种多样。北大、清华校友张甲洲、黄绍谷、黄显生等参加其中。（选自《旧中国大博览·下》）

▼ 北京大学南下示威团向车站行进。"九一八"事变后，由于蒋介石"攘外必先安内"的不抵抗政策，致使大片国土沦陷，国家民族存亡危在旦夕。平津爱国师生组织大规模的请愿示威抗日救亡运动，要求国民政府停止内战，一致对外。1931年12月1日、2日，北大学生200余人分两批赴南京向国民政府请愿示威。（北京大学校史馆提供）

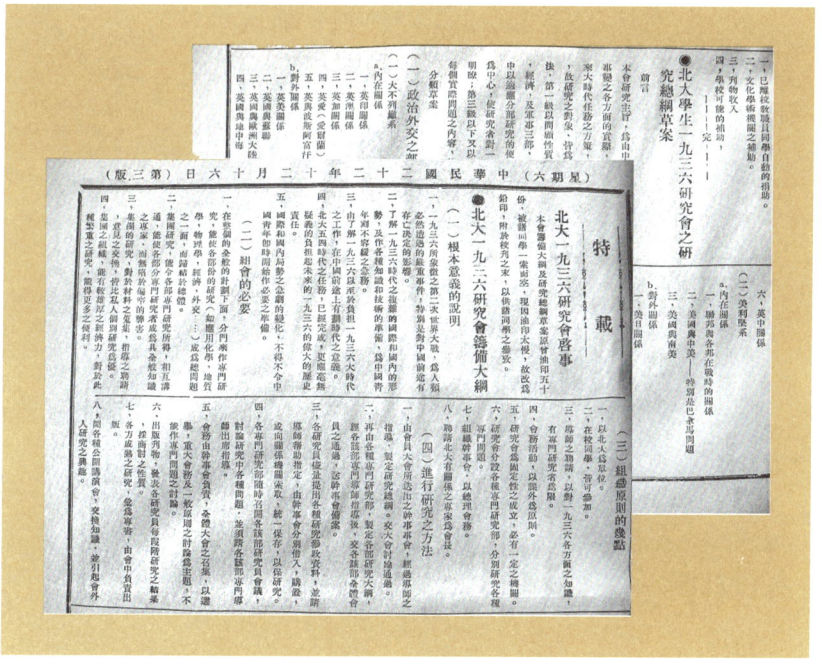

▲ "北大一九三六研究会"筹备大纲和研究总纲。其中对英、美、法、德、苏、意、日、印度等国之国力、军力、相互关系及与中国之关系,从政治、外交、经济、军事等方面列专题研究,以应付1936年可能发生之重大国际变动。因为苏联的第二个五年计划将于1936年完成,其国力大增,日本当局则早已以1936年为其国之紧急关头。国人对此近邻之动向亦有警惕,有着以天下国家为己任革命传统的北大学生认为"一九三六"对中国前途有存亡之影响,不可不早为准备。因此发起成立"北大一九三六研究会"。对该会活动《北平晨报》1933年至1934年时有报道。（选自《北京大学周刊》）

▲ "一二·九"运动中清华大学、燕京大学学生受阻于西直门外,陆璀同学就地讲演,宣传抗日救亡。（选自《北京普通高等教育志》）

▲ "一二·九"运动中北大游行队伍。（北京大学校史馆提供）

▲ "一二·九"运动中北大先锋队夺取水龙。（北京大学校史馆提供）

▼ 清华大学、燕京大学等校学生组成的南下扩大宣传团。（选自《北京普通高等教育志》）

◀ 《怒吼吧》是清华大学学生自治会救国委员会"一二·九"运动中印发的刊物。在《告全国民众书》中喊出了:"华北之大,已经安放不得一张平静的书桌了!"自"九一八"以来,国民政府执行"攘外必先安内"的政策,使日本侵略者得寸进尺,更加疯狂屠杀我人民,掠夺我土地,相继组织汉奸成立"满洲国"、"冀东防共自治委员会"、"冀察政务委员会"等,国家前途岌岌可危。平津文化界压迫感尤甚,青年学生绝无坐视之理,于1935年12月9日前去请愿,反对所谓"自治运动",途中遭军警拦阻袭击,学生受伤、被捕多人。消息传开,全国震动。(选自《清华大学志》)

▶ 1936年暑假北平民先队举办樱桃沟露营时,北大卢荻(陆平)和清华赵德尊二位东北籍同学在一巨石上刻下"保卫华北"四字,表达抗敌救国的决心。(《清华校友通讯》编辑部)

第 2 章
民族危机

国立西南联合大学图史

20世纪30年代，北京大学、清华大学、南开大学在各自的历史上都进入了一个相对稳定的快速发展时期。三所高校的系科专业设置趋于完备，师资力量日渐雄厚，学术研究建树颇多，办学规模逐步增大，"教授治校"等民主管理的制度规范日臻完善，教学设备的购置、图书资料的收集与馆藏、校舍校园的建设都达到了前所未有的水平。但这一切成为现代大学的努力和发展，却被日寇侵华的魔爪野蛮阻断。

20世纪20年代末，日本政府制定了"欲征服中国，必先征服满蒙，如欲征服世界，必先征服中国"（《第一次世界大战以来的帝国主义侵华文件选辑》94页）的军事扩张政策，将侵略矛头率先指向我国东北。1928年6月4日，日本关东军乘北洋军阀政府实际元首张作霖由华北退回沈阳之机，在皇姑屯一带炸毁其专列，致未能满足日本侵占满蒙全部要求的张作霖于死地。1931年9月18日，日本关东军在南满铁路柳条湖一段制造爆炸案，反诬中国军队所为，并以此为借口突然袭击中国东北军驻地北大营和沈阳城。东北军执行蒋介石的不抵抗政策，十几万军队不战而退，全线撤入山海关内。"九一八"事变是日寇武装占领我国东北地区的开始。至1932年1月，仅仅四个月的时间，东北全境沦陷。

随后，日军开始向关内逼近。在突破中国军队长城防线后，1933年5月与国民政府签订了《塘沽协定》。自此，中国华北门户洞开。

忙于内战的蒋介石政府采取"攘外必先安内"的政策助长了日寇的侵略气焰。日军继而将魔爪伸向了华北，策动"华北自治"，企图制造第二个"满洲国"，并于1935年7月胁迫国民政府签订了《何梅协定》，致使中国丧失了河北和平津的大部主权，华北陷入了更加危急的局面。

自"九一八"事变后，平津的爱国师生掀起了一浪高过一浪的抗日救亡运动。1931年北大、清华、南开的热血青年组织南下请愿，要求南京政府"速息内战，一致抗日"。1935年为反对"华北自治"，学生们发出"华北之大，已经安放不得一张平静的书桌了"的怒吼，在中国共产党的领导下掀起了轰轰烈烈的"一二·九"抗日救亡运动。他们走出书斋，到农村城镇宣传抗日，唤起民众；师生们捐款捐物，支援慰问前方将士；他们当中的一批人还投笔从戎，奔赴抗敌前线，为驱除日寇流血捐躯。

1937年，日寇在八国联军攻打北平、天津37年后，又一次且独自将战火在平津地区点燃。7月7日夜，日军借口寻找失踪士兵，要求进入位于北平西南由中国军队驻守的宛平城搜查，遭拒后，即开始炮轰卢沟桥和宛平城。国民革命军第二十九军吉星文团坚守阵地，击退日军。7月8日，中国共产党通电号召全民族实行抗战。7月9日，蒋介石在庐山召开国是谈话会，北大、清华、南开的校长蒋梦麟、梅贻琦、张伯苓及部分知名教授应邀赴会。7月17日，在全国民众的压力下，蒋介石在庐山发表讲话，宣布对日抗战。卢沟桥事变揭开了中华民族全面抗战的序幕。

7月11日，在卢沟桥附近作战的日军与中国第二十九军刚刚达成停战协定，墨迹未干，日军就调集10万部队开进华北。7月28日，日军飞机、机械化部队向驻守北平郊区的中国军队发动猛烈进攻，激战中国民革命军第二十九军副军长佟麟阁、一三二师师长赵登禹壮烈牺牲，官兵战死5000余人，在南苑军营集训的近千名北平的学生也大多殉国。7月29日、30日，第二十九军奉命撤出平津地区，北平、天津相继沦陷。在千百万民众遭受日寇铁蹄蹂躏的同时，平津地区的文化教育事业也饱尝摧残和凌辱。

日寇轰炸天津的第一批炮弹就落在了南开校园。自"九一八"事变后，南开大学一直是天津这座商业都市的抗日救亡中心，故遭日人嫉恨，必欲除之而后快。几乎在北平沦陷的同时，日寇于

1937年7月29日、30日连续两天有预谋地对南开大学及所属的南开中学、南开女中、南开小学进行轮番轰炸。轰炸后，"为全部毁灭计……日方派骑兵百余名，汽车数辆，满载煤油到处放火，秀山堂、思源堂、图书馆、教授宿舍及邻近民房，尽在烟火之中……"（《南开大学校史资料选》82页）"经此浩劫，学校主要建筑物六毁其四，师生财物皆遭损失，大批珍贵图书被日军掠走。"（《南开大学校史》230页）学校各种"财产损失300万元（法币）"。昔日宁静秀丽的南开校园，在日寇的炮火下顷刻间变为残垣断壁，南开大学成为"抗战以来中国第一个罹难的高等学府"。（《南开大学校史》231页）

7月29日下午，日军开始进入清华园，随即又数次以参观为名，将窃取的大批珍贵图书、仪器设备用卡车装运出校。日军牟田口等部队继后又入侵学校，强占部分校舍，逼走留校员工，"清华园内，遂不复有我人之足迹矣"。（《清华大学史料选编·三（上）》18页）后日军野战医院152病院进占学校，将各系馆全部改为伤兵住房，馆内器物、图书"或被占用，或挟出变卖，或肆意摧毁，或付之一炬……"（《日军铁蹄下的清华园》IX页）

北京大学二院校长室也遭日本宪兵队的搜查。一院——沙滩红楼一度被日军所占，红楼地下室则成为日本宪兵队监禁爱国志士的牢狱。据曾以"抗日反日"等罪名被关押于此的侯仁之等人回忆，那里"灯光昏暗，一股难闻的臭气扑鼻"（《燕大文史资料·三》144页），"因在牢内的人是不准讲话的，如果被发现，就要遭毒打。即使在夜间，日本宪兵也要蹑手蹑脚地在过道里巡视，通过栅栏窥视室内的动静"（《日伪统治下的北平》92页），"深夜听到受刑的鞭笞声、喊叫声，裂人肺腑……"（《燕大文史资料·三》154页）北大这座具有悠久历史，富于科学、民主精神的校园，霎时间"变为撒旦统治的地狱了"（《西潮》212页）。

此时真是国家将亡，城池已破，生灵遭戮，学校被毁。正值暑假的三校学生大部已离校，或回乡避乱，或奔赴抗日前线，或加入逃难队伍辗转南下后方。参加庐山国是谈话会后返达南京的三校校长，因南北交通一时阻隔，亦无法北返。趁在宁之便，国民政府教育部与三校校长相商，决定择地组建临时大学。北大、清华、南开三校在长沙成立临时大学的方案确定后，大部分教师开始分批南下赴湘。

▲ 1931年9月18日，日本关东军预谋制造了"九一八"事变，开始对中国东北地区发动武装进攻。图为遭受日军炮击的中国东北军驻地沈阳北大营。（选自《旧中国大博览·下》）

▼ 1937年7月7日发生的卢沟桥事变是日本向中国发动大规模侵略战争的开始，同时也揭开了中华民族全面抗战的序幕。图为日军以演习为名炮轰北平西南郊的宛平县城，向卢沟桥地区的中国驻军发动袭击。（选自《图片中国百年史·上》）

第 2 章 民族危机

▲ 守卫卢沟桥的中国军人在掩体后面准备战斗。（选自《图片中国百年史·上》）

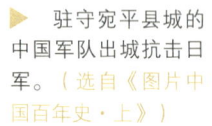

▶ 驻守宛平县城的中国军队出城抗击日军。（选自《图片中国百年史·上》）

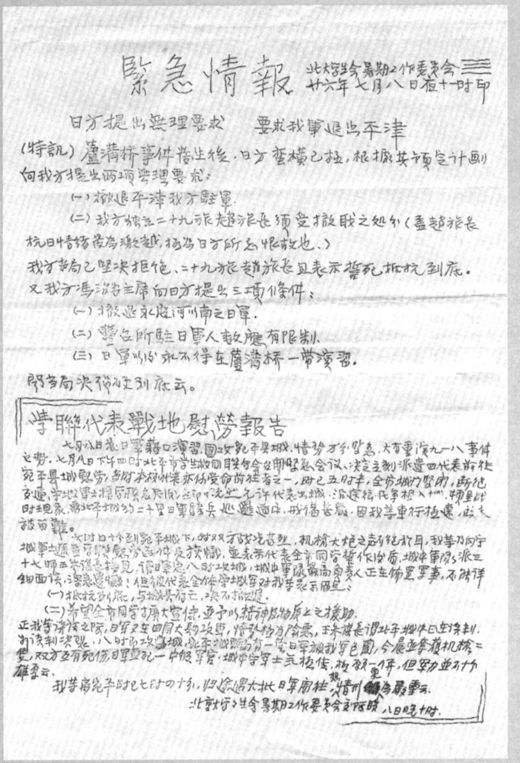

▲ 北京大学学生会暑期工作委员会7月10日临时会议决定，以学生自治会名义为卢沟桥事变向中央及各地政府、各报馆、法团发出快邮代电。图为通电文稿。（北京市档案馆提供）

▲ 卢沟桥事变第二天，正值北京大学学生会暑期工作委员会例会日，会上首要议题即是"卢沟桥日军非法演习并向我军挑战事应付案"，例会作出拥护地方当局守土抗战，要求坚决拒绝日方一切无理要求等决议。图为7月8日夜该会印发的关于战事的紧急情报。（北京市档案馆提供）

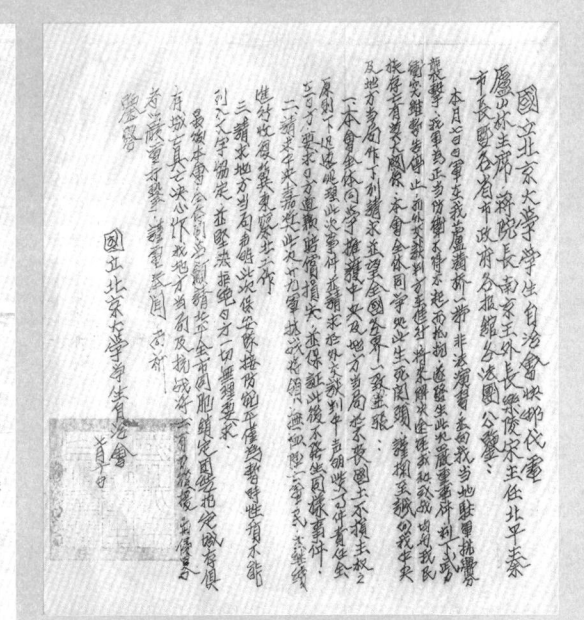

▶ 日军铁蹄踏上北平永定门城楼。

1937年7月中旬，日军调兵分三路大举进攻平津。7月28日日军的飞机、机械化部队向驻守北平郊区的中国军队发动猛烈攻击，国民革命军第二十九军将士顽强抵抗，终因寡不敌众，伤亡惨重，被迫于7月29日撤出平津地区，北平自此沦陷。（选自《图片中国百年史·上》）

▲ 南开大学木斋图书馆及被炸后的断壁残垣。

　　几乎在北平沦陷的同时，日寇于1937年7月29日、30日连续两天有预谋地对南开大学及其所属的南开中学、南开女中、南开小学进行轮番轰炸。轰炸后，又派兵纵火焚毁。昔日宁静秀丽的南开校园，在日寇的炮火下变成一片废墟。（南开大学档案馆提供）

第 2 章　民族危机

▲ 日军进入天津。

◀ 南开大学的校钟,由天津海光寺捐赠,重达万余斤,周身遍刻《金刚经》全文,其浑厚悠远的钟声陪伴南开师生们体味着校园生活的从容节律。自1932年后,逢"九一八"事变纪念日,大钟就依次鸣响九、一、八下以警示世人勿忘国耻。天津沦陷后,这一珍贵文物也被日军掠走,下落不明。

▲ 20世纪30年代初南开大学"水影林光互抱环"（柳亚子诗）的校园一隅。〔南开大学档案馆提供〕

▼ 日本画家所画的被炸成一片废墟的南开大学俯观图。〔南开大学档案馆提供〕

▶ 《申报》关于茅盾等56位左翼作家就南开被炸一事对日寇声讨及对张伯苓校长慰问的报道。

1937年7月下旬，南开大学张伯苓校长于庐山国是谈话会后返抵南京，得知南开被炸，这位毕业于北洋水师学堂、曾目睹清政府从日人手中收回威海卫，即刻又将其拱手割让给英国这一"国帜三易"奇耻大辱的老人，表现出宁折不屈的民族气节。7月30日他就南开被炸一事对《中央日报》社记者发表讲话："敌人此次轰炸南开，被毁者为南开之物质，而南开之精神，将因此挫折，而愈益奋励。故本人对于此次南开物质上所遭受之损失，绝不挂怀，更当本创校一贯精神，而重为南开树立一新生命。本人惟有凭此种精神，绝不稍馁，深信于短期内，不难建立一新的规模。"（《张伯苓教育言论选集》227页）〔南开大学档案馆提供〕

第二章 民族危机

敌故意摧残我文化机关

RELICS OF NANKAI UNIVERSITY
What Japan has done to one of our highest seats of learning.

Japanese bombs wiped off most of the buildings of Nankai University, Tientsin. Among them, the library as shown in this picture.

The Science Hall went the way of all crumbled buildings.

◀ 《大公报》报道南开大学被炸惨景。（南开大学档案馆提供）

茅盾等昨日慰问张伯苓等

茅盾等昨日致电前南开张伯苓、蒋、南京教育部王部长转南开大学张校长、河北女子师范学院齐校长均鉴，日寇轰炸我平津，摧残文化机关，南开女师惨遭轰炸，同人等无任悲愤，敬电慰问，盼益加努力，抗敌到底，挽救民族，并望转致仝仁同人，盼珠国努力，抗敌到底、茅盾、郭沫若、郑伯奇、画室、巴金、张天翼、谢六逸、郑振铎、叔、金仲华、胡愈之、胡仲持、吴朗西、王统照、吴景崧、吴组缃、傅东华、方光焘、许杰、陈抱一、冯仲足、欧阳予倩、叶圣陶、黎烈文、沈起予、夏衍、周扬、靳以、潇乾、洪深、阿英、沙汀、艾芜、趙亦石、张仲实、张明养、蒋牧良、陈邵宗汉、胡仲持、蔡楚生、郁达夫、张志让、唐槐秋、应云卫、陈波儿、胡风、孙师毅、白薇、宋之的、夏征农、李辉英、胡兰畦、郑铎等叩歌

▲ 1937年7月29日下午，即有日军在清华园内穿行。数次来校搜查后，日军开始强占部分校舍，劫掠校产，直至将校产保管委员会人员驱逐出校，侵占了全部清华园。梅贻琦校长闻知清华园被日军占、毁，痛心不已。他在《抗战期中之清华》一文中告诉全校师生："夫敌人之蓄意摧残我文化机关，固到处如是，清华何能例外！虽然，物质之损坏有限，精神之淬励无穷，仇深事亟，吾人宜更努力灭此凶夷；待他日归返故园，重新建设，务使劫后之清华，益光大灿烂……"

图为清华大学机械工程馆内空留的机座，机器则荡然无存。〔清华大学档案馆提供〕

▲ 地板被全部拆毁后的新体育馆改作日军的大食堂。〔清华大学档案馆提供〕

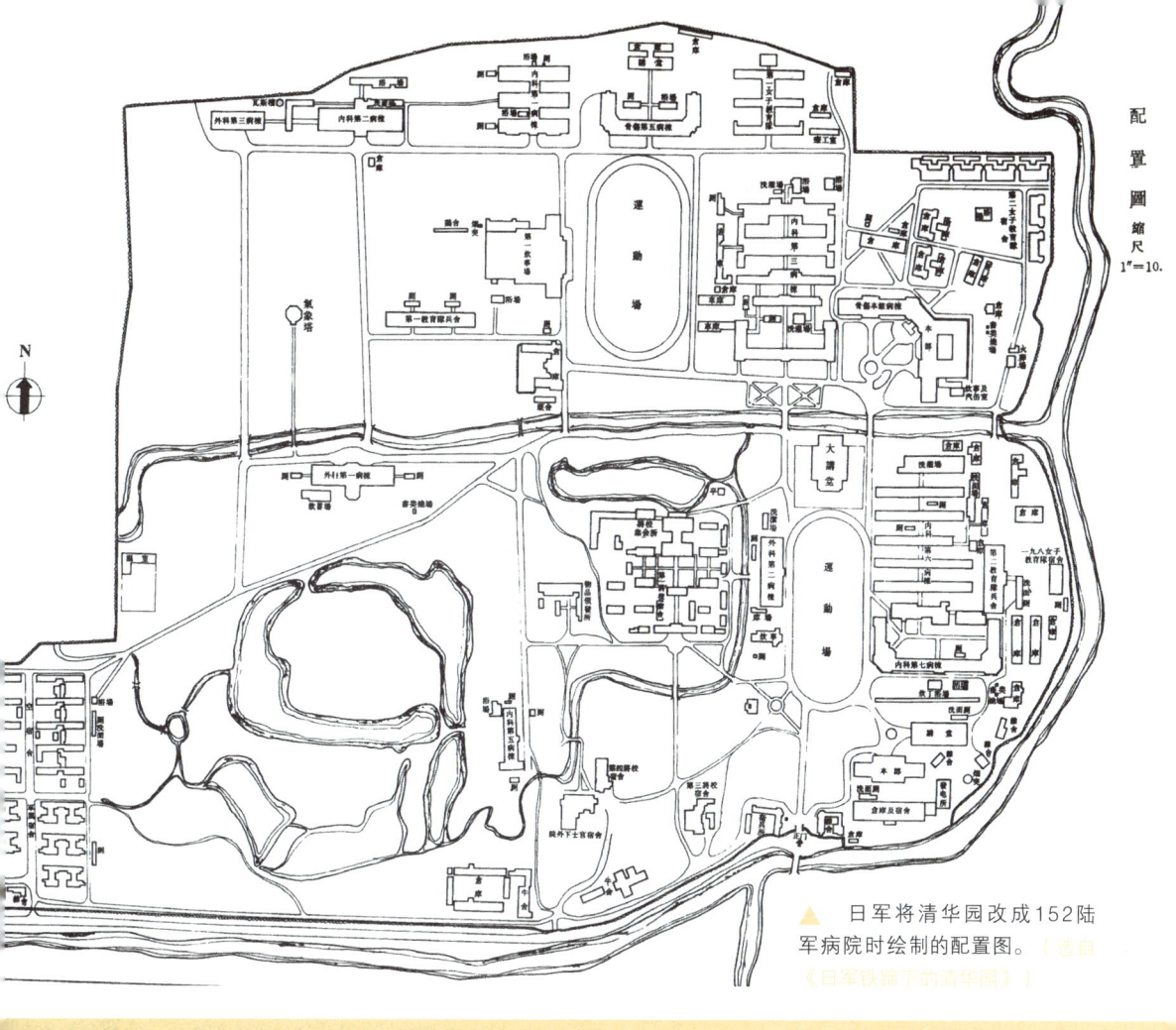

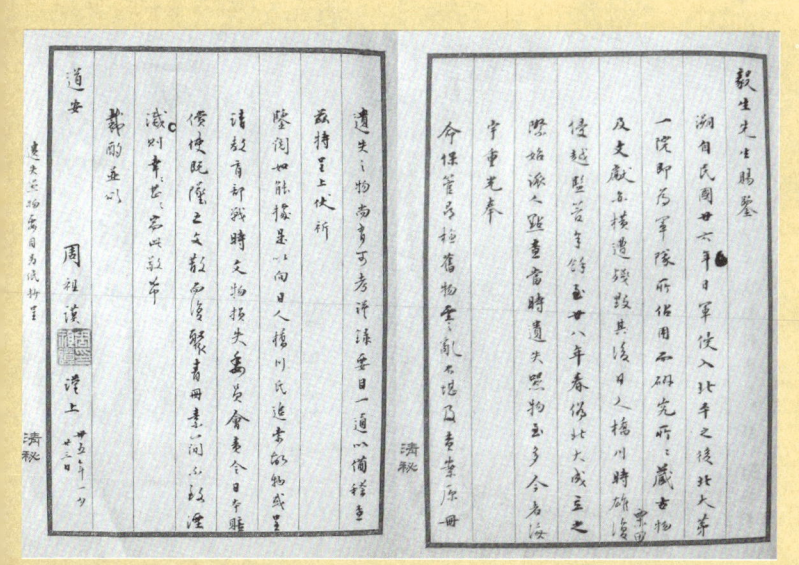

▲ 日军将清华园改成152陆军病院时绘制的配置图。

◀◀ 北平陷落后，北京大学一院——沙滩红楼一度被日军所占，红楼地下室则成为日本宪兵队监禁爱国志士的牢狱。当时北大文科研究所就在红楼，那里藏有的数以千计的金石、拓片、文献等珍贵文物，在日军占领学校后，横遭损毁、遗失。图为中文系教师周祖谟为此事给学校秘书长郑天挺的信及所列文物遗失清单。
（北京大学档案馆提供）

▲ 南开大学经济研究所创立于1927年，10年苦心经营，已初具规模，建树颇多。卢沟桥事变前夕，研究所觉察大战在即，遂秘密运送所有图书设备至安全地点，免遭日寇炮火劫难，为南开留存了一笔宝贵的财富。图为1937年6月南开大学经济研究所第一届毕业研究生与教师合影留念。这届学生方离去，南开校园就陷于日寇之手，而第二届研究生则被迫于1937年秋辍学、离散。（南开大学档案馆提供）

◀ 北京大学秘书长郑天挺离平南下前在空寂的北大校园留影。

1937年上半年，郑天挺正经历着妻逝子病的痛苦。卢沟桥事变后，情势日益危急。校长蒋梦麟参加庐山国是谈话会后因南北交通中断，无法返平。郑天挺在孟森、汤用彤、罗常培、邱椿、毛子水、陈雪屏等教授协助下，全力支撑着学校局面。直到得知北大、清华、南开三校在长沙组建临时大学的消息后，他安排好学校一应事务，告别了自己的几个幼儿，于11月17日赴津南下。（郑克扬提供）

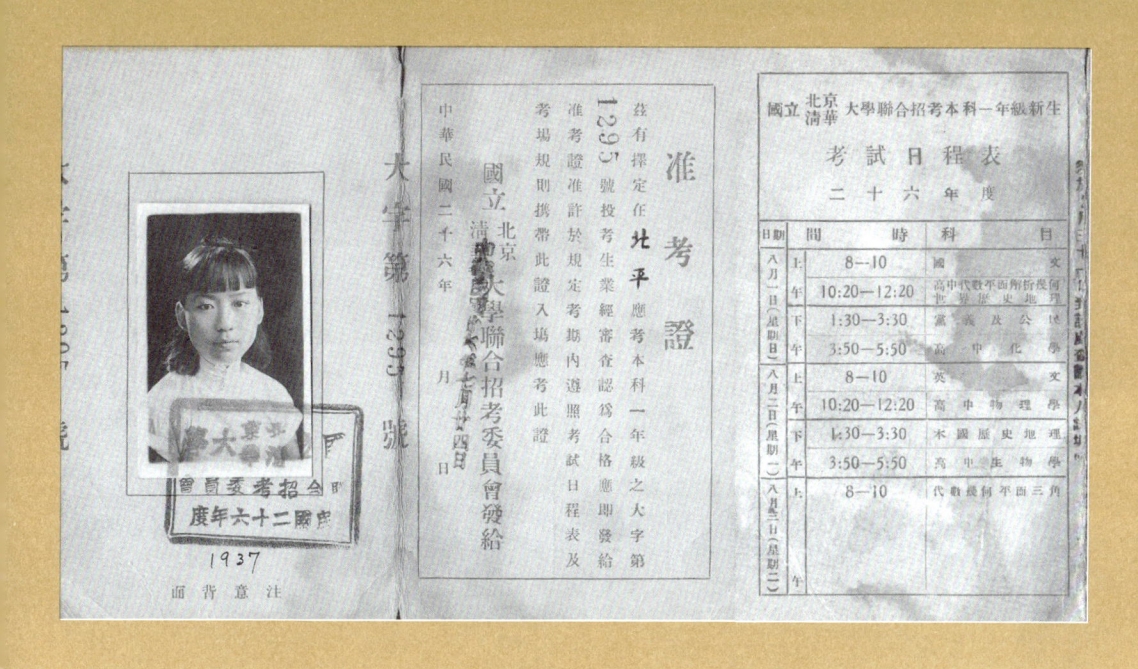

▲ 1937年夏，尽管平津战事吃紧，但学校工作仍照常进行。当年北大、清华两校第一次联合招考新生，试题已于7月10日在北大红楼地下室印成，考务工作亦准备完毕，准考证也已发出。北平考区考试地点定在故宫，人们传称为"殿试"。但卢沟桥的炮声彻底击碎了学子们的美好憧憬，联合招生考试被迫取消。图为房季娴1937年未能如期使用的准考证。本应于8月1日赴考的她，一年后艰辛辗转到西南边陲，进入三校组成的国立西南联合大学。（房季娴提供）

▲ 北平陷落后，仓促避入城内的清华大学同学冒险穿过日军警戒线，返回校园抢运行李，以作今后打算。图为住在平斋的同学离校前与工友合影告别。（清华大学校史研究室提供）

▲ 北京大学经济学系教授赵迺抟离平前与妻小合影留念。1937年11月赵迺抟与北大多位教授一起南下赴湘任教，将妻子和四个幼儿留在了北平，全家从此一别数载，天各一方。夫人骆涵素为保民族气节，毅然辞去教职，蛰居寓所，独自抚育四个幼儿。（赵凯华提供）

第 3 章
奉命迁湘

国立西南联合大学图史

为在抗战期间能够维系中华民族教育文脉，1937年8月，国民政府教育部决定在后方组建几所临时大学。第一区设在长沙，令北京大学、清华大学、南开大学三校组成，名为长沙临时大学。任命三校校长张伯苓、梅贻琦、蒋梦麟为临时大学筹备委员会常务委员，杨振声作为教育部的代表任秘书主任，由常委会主持一应校务。长沙临时大学于1937年8月筹备，11月1日开始上课，设有文、理、法商、工4个学院，计17个科系。至1938年1月有学生1500多人，教职员200余人。后因京沪前方战事急转直下，长沙亦遭日机轰炸，临时大学被迫于1938年2月奉命西迁至云南昆明，更名为国立西南联合大学。

组成长沙临时大学的北大、清华、南开三校，虽历史各异，风格不同，但都具有爱国的传统，教授治校、通才教育的办学理念，以及民主、科学的精神。无论是北大的"兼容并包，思想自由"，还是清华的"自强不息，厚德载物"，南开的"允公允能，日新月异"，这些多年形成的校风、信条、治学治事的规范以及教师之间原有的密切关系，特别是三校师生对日寇的同仇敌忾，都自然融合在临大的办学过程中。

长沙临时大学是一所特殊的学校。她没有表明学校标志的围墙，没有统一的校舍，甚至不存在一块属于自己的校园，师生们教学、生活、办公所需的房舍均或租或借。学校一部分在长沙东面韭菜园一带，一部分迁至长沙以南200余里的南岳衡山，有的科系则寄于地处湘江西岸岳麓山的湖南大学、江西的南昌航空机械学校以及四川的重庆大学。学校教学设备、图书资料极度匮乏，三校之原有无法运达，大量购置又力所不及。只好商借当地湘雅医学院部分设备用于理科教学；与国立北平图书馆合作共同出资订购图书报刊，同时借用湖南国货陈列馆的图书室，以解图书资料之困；因桌椅不足，学校甚至只能为每间教师宿舍配备一把椅子……梅贻琦曾这样描述长沙临大："虽校舍局促，设备缺乏，然仓促得此，亦属幸事。"（《清华大学史料选编·三（上）》19页）临时大学使三校师生在战火连天的岁月中，有了一个暂时驻足栖身之地，使弦歌能够再续，文脉得以保存。

长沙临时大学在某种意义上可以说是一所"流亡"的学校。三校师生们大都一路逃难至此，虽赴湘经历各有不同，但均饱受战乱之苦。教师们大多离别妻儿家小，只身在外，拿着因经费紧缩按七成下发的薪水，且文人最为看重的藏书资料等未及带出，读书、教书、写书均十分困难；来自战区的学生失去了家里的接济，生活更为窘迫，相当一部分人需要学校的贷金救济才能维持；另外战事的急剧发展，日军的步步逼近和种种暴行……这种民族将亡之忧，家园被毁之恨，个人境遇之苦以及中国文人似乎与生俱有的对国家、对民族强烈的责任感，激发出师生们敬业育才、求知报国的巨大热情。"中兴业，须人杰"，本着这一信念，教师凭记忆和深厚的功底，编写讲稿，传道授业；学生则专心听讲，努力向学。临大学生向长清曾回忆南岳分校的生活说："……这名山中的临时教学场所，并不次于北平沙滩红楼里宽敞的教室。特别是老师们和同学们随时见面，更增进了彼此之间的情谊，大有古代书院教学的风味。"（《笳吹弦诵在春城》48页）教师们仍继续着以往所做的著述与研究。冯友兰撰写《新理学》，汤用彤完成了《汉魏两晋南北朝佛教史》，金岳霖在著述《论道》等等。冯友兰曾说："从表面上看，我们好像是不顾国难，躲入了'象牙之塔'。其实我们都是怀着满腔悲愤无处发泄。那个悲愤是我们那样做的动力，金先生的书名为《论道》，有人问他为什么要用这个陈旧的名字。金先生说，要使它有中国味。那时我们想，哪怕只是一点中国味，也是对抗战有利的。"（《笳吹弦诵情弥切》69页）书生们在用自己可能的方式报国，这就是保存好中华文脉，继续中华文化的传承。在长沙临大，也有一批青年学生相继离校，他们没有继续流亡迁徙，而是选择了投笔从戎、以身许国的抗日之路。

  长沙临时大学确实是一所临时的学校。她由三校在战乱中匆促组建，在长沙存续不足六月。虽然教学、生活设施均因陋就简，但各种管理必须的组织、办事的程序规范却细密周全。临大由常委会主持校务，下设秘书、总务、教务、建筑设备四部分，负责落实常委会议决事项。为办理好专门事务，常委会陆续设置若干专门委员会，聘请教授参加主持。另对三校原有科系进行调整归并，以提高教学效率，节省经费开支。三校还分别设有自己的办事处处理相应事务。常委会通过召开会议议决校务。从1937年9月16日第一次会议到1938年2月23日最后一次，总共召开了57次常委会，几乎每两三天就要开一次。每次会议必有与会人员的亲笔签到，议决事项的明晰记录。临大所定的制度、规范、办法、细则涉及教学、经费、人事、设施、生活诸多方面，从学校经费的预算分配修订到不能随校西迁职员、工人的遣散费标准，从系科设置到女生宿舍规则，甚至学生制服定做都有规范的招标程序，惟恐失于粗疏大意。临大的领导和教职员即便是在战时仍保持着平时敬业的那种从容淡定，尽可能遵循教育的规律和办事的规范程序，不辱斯文，全力维护着中国高等学府的尊严，乃至中华文化的尊严。

  1937年12月13日，南京沦陷，随后武汉告急，长沙也变成日军飞机轰炸的目标。1938年2月，临时大学奉命开始西迁。

  国立西南联合大学纪念碑碑铭中"痛南渡，辞宫阙。驻衡湘，又离别"这12个字准确简明地写出了长沙临大临时过渡、迁徙不定的战时情形。即使西迁改名为国立西南联合大学之后，其变迁、不稳仍如影随形。人们无法逃离战争的阴霾。

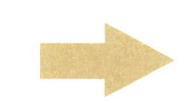

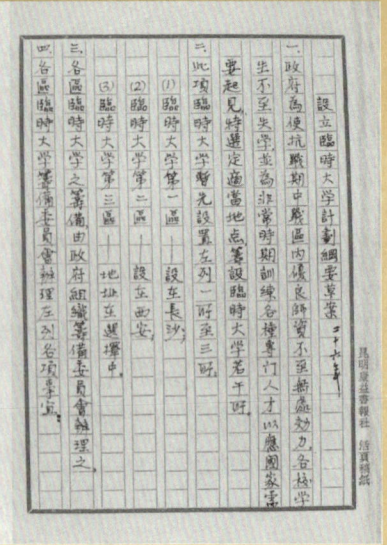

▲ 国民政府教育部于1937年8月制定的《设立临时大学计划纲要草案》（抄件）中说："为使抗战期中战区内优良师资不至无处效力，各校学生不至失学，并为非常时期训练各种专门人才以应国家需要起见"，决定筹设若干所临时大学，其中第一区设在长沙。由国立北京大学和清华大学、私立南开大学组成长沙临时大学。教育部于9月10日以第16696号令正式宣布在长沙和西安两地设立临时大学。（北京大学校史馆提供）

▲ 长沙临时大学筹备委员会常务委员，南开大学校长张伯苓。（北京大学校史馆提供）

▲ 长沙临时大学筹备委员会常务委员，清华大学校长梅贻琦。（选自《国立西南联合大学史料·一》）

▲ 长沙临时大学筹备委员会常务委员，北京大学校长蒋梦麟。（北京大学校史馆提供）

▲ 长沙临时大学筹备委员会秘书主任，教育部代表杨振声。（杨起、王荣禧提供）

第三章 奉命迁湘

奉

部长密谕："指定张委员伯苓、梅委员贻琦、蒋委员梦麟为长沙临时大学筹备委员会常务委员，杨委员振声为长沙临时大学筹备委员会秘书主任"等因，举此除分函外相应函达

查照为荷。此致

梅委员贻琦

教育部高等教育司启 8月29日

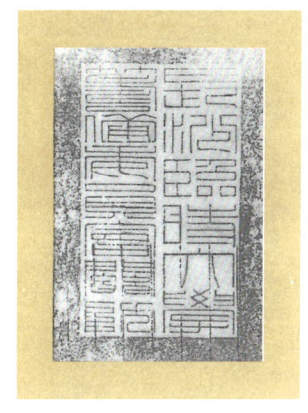

▲ 长沙临时大学筹备委员会关防印模。（清华大学档案馆提供）

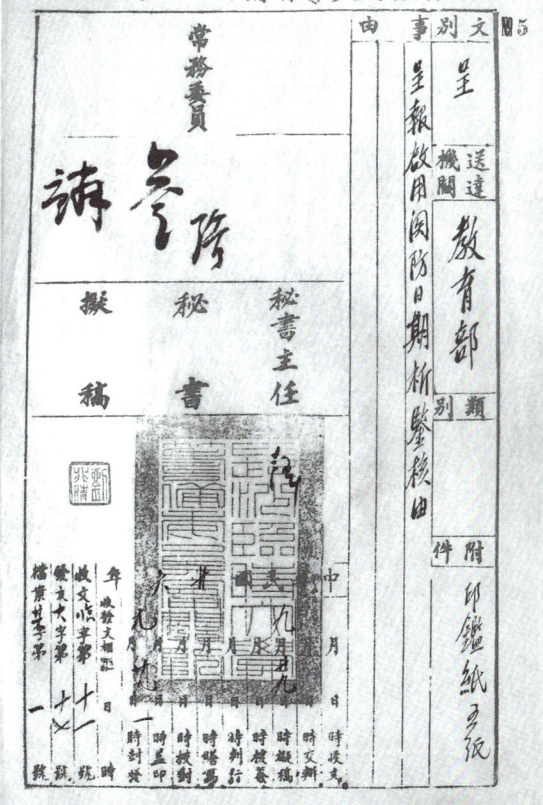

▲ 1937年8月28日，教育部高等教育司就部长王世杰密谕：指定张伯苓、梅贻琦、蒋梦麟为长沙临时大学筹备委员会常务委员，杨振声为秘书主任事，分函各人。

三位常委、秘书主任之间有着深厚的学缘、业缘关系。梅贻琦曾是张伯苓的学生；杨振声则毕业于北京大学；蒋梦麟、杨振声、张伯苓先后在美国哥伦比亚大学学习、研修；张伯苓、杨振声都曾出任过清华学校、清华大学的教务长。三校教师之间这种曾互为师生、校友同学乃至共事同仁的关系也较为普遍，可谓是"通家之谊"。近似的经历及相互之间的了解，较易形成办学理念和治学治事的共识，从而有利于三校共同合作筹办长沙临时大学。（清华大学档案馆提供）

▶ 由常委张伯苓、梅贻琦、蒋梦麟签发关于启用关防日期及印鉴呈报教育部备查的文书。"长沙临时大学筹备委员会关防"于1937年9月28日开始启用。（清华大学档案馆提供）

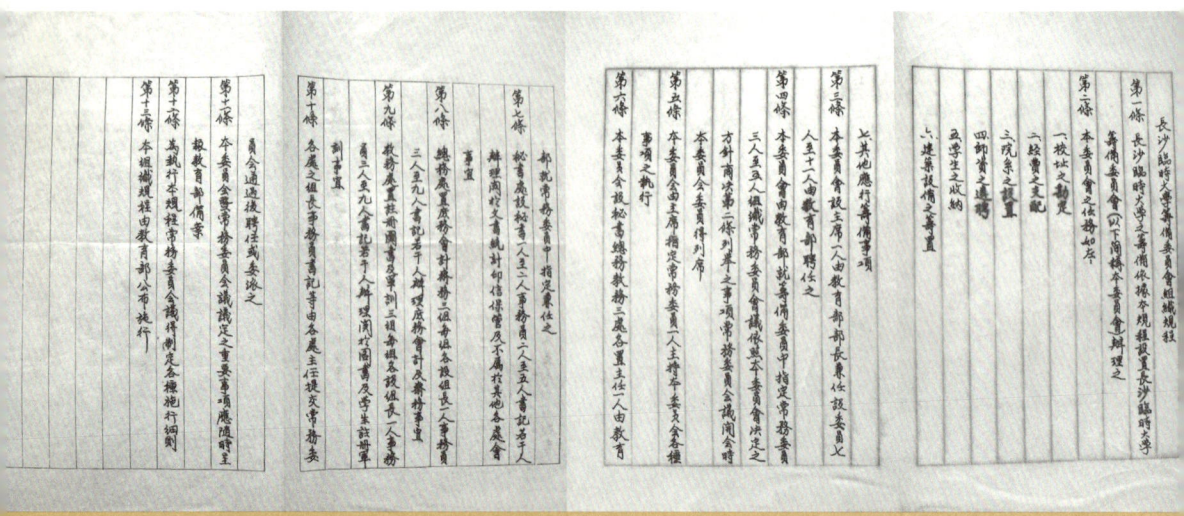

▲ 《长沙临时大学筹备委员会组织规程》由国民政府教育部于1937年10月11日公布施行。它对临时大学筹委会的主要任务、筹委会的组成及议决与执行制度、办事机构的设置和办事人员的聘任，以及执行规程的要求都做了明确精要的规定。此时，长沙临大筹委会已为完成上述任务工作多日。（清华大学档案馆提供）

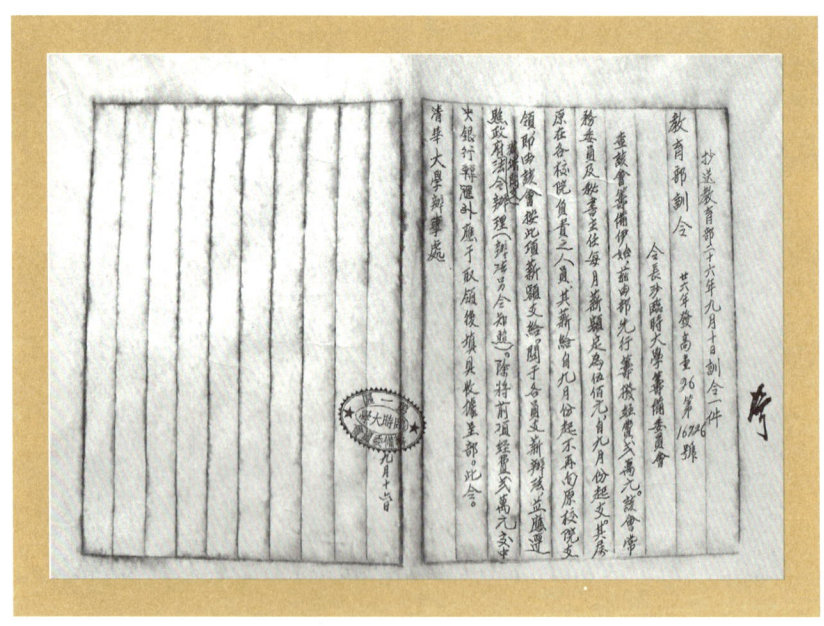

▲ 1937年9月10日教育部关于为长沙临大先行筹拨经费2万元及常委、秘书主任支薪办法的训令抄件。（清华大学档案馆提供）

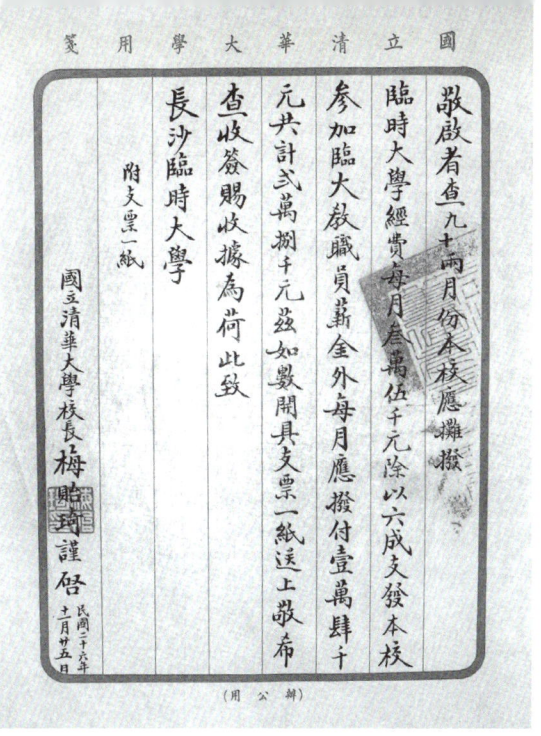

► 教育部筹借20万元作为长沙临大的开办费用，另按三校原有经费七成之半数拨发经常费用。经常费预算分配修正比例为：薪金占65%（原占67%），办公费占12%，购置费占14%，学生用费为7%，特别费2%。并从经常费中节省出5000元，作为贷金救济来自战区经济困难的学生。图为清华大学上缴给长沙临大9、10两月应摊拨的经常费用的说明函。（清华大学档案馆提供）

第 3 章 奉命迁湘

► 中文系教授罗常培珍藏的长沙临时大学教职员校徽。

长沙临时大学筹委会根据学系和课程的需要遴聘教师，每一系均尽可能包括三校教授。为便于合作，各系皆设教授会议，由常委会推定会议主席。至1937年11月17日，共有教员148人，其中北大55人，清华73人，南开20人。（罗圣仪提供）

► 手刻油印公布的长沙临时大学各学系主席及课程委员会组成人员名单。

长沙临时大学由常委会主持校务，下设秘书、总务、教务、建筑设备四部分，由杨振声、蒋梦麟、梅贻琦、张伯苓分工负责。为办理好专门事务，常委会陆续设置图书设计、理工设备设计、教室宿舍设备、课程、贷金、学生宿舍、国防工作介绍等专门委员会，聘请陈岱孙、杨石先、黄钰生、梅贻琦、朱自清、施嘉炀、潘光旦、吴有训等教授参加主持。另对三校原有科系进行调整归并，以提高教学效率，节省经费开支。1937年10月4日第五次常委会推定了各学系主席名单。（北京大学档案馆提供）

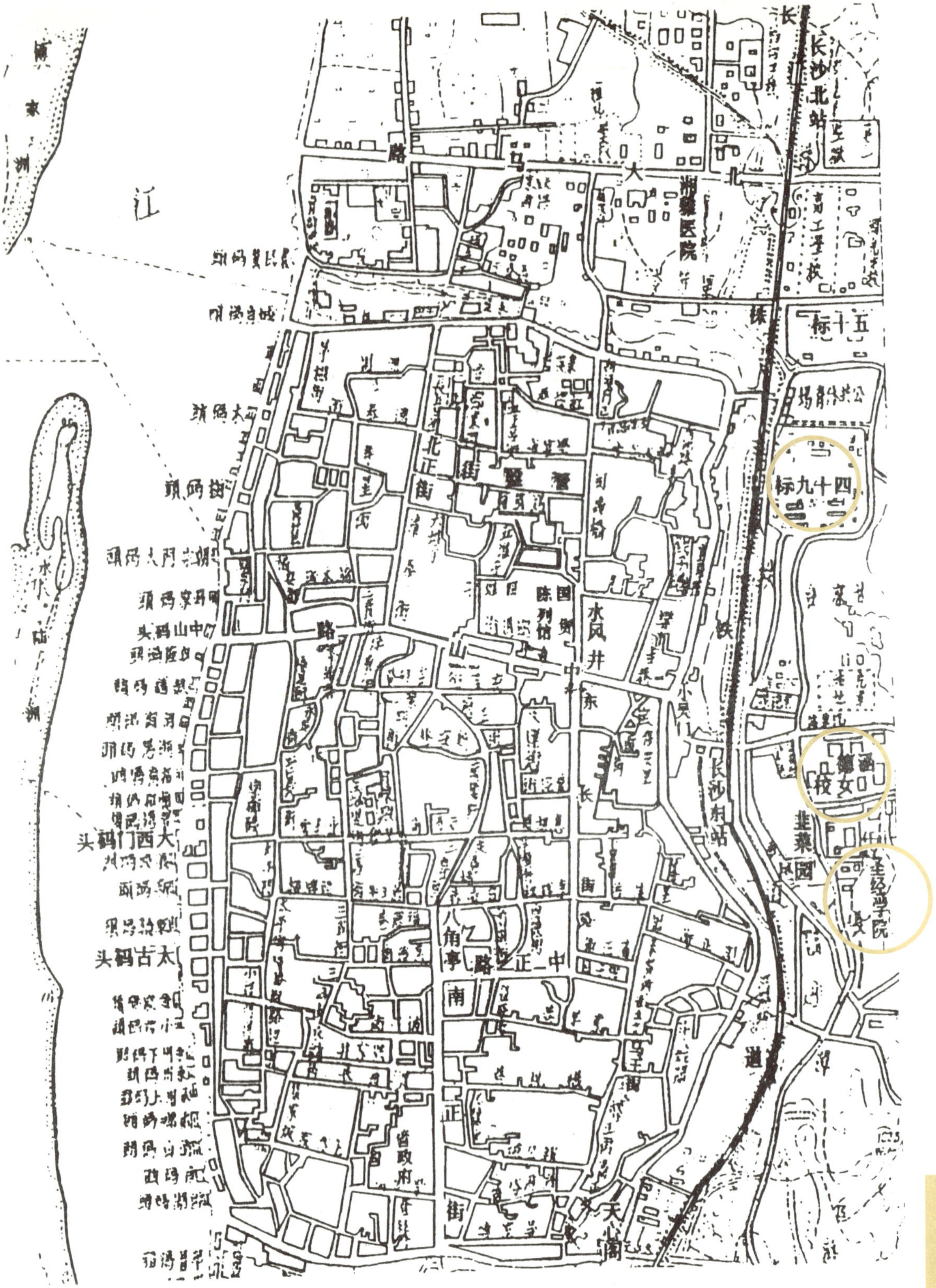

长沙北站
湘雅医院
大马路
五十标
公共体育场
四十九标
周南女校
韭菜园
圣经学院
长沙东站
铁道
江
水陆洲
北正街
陈列馆
水风井
八角亭
中正路
南正街
省政府
天心阁
大西门码头
太古码头
中山码头

第 3 章　奉命迁湘

▲ 长沙韭菜园圣经学校校舍。
　　该校原为美国教会所经营，由国民政府教育部与湖南省教育厅事先为长沙临时大学租定。正楼作为教室和实验室，理学院、法商学院、工学院土木系在此上课。另外三幢宿舍楼部分用做办公，部分供单身教职员居住。
　　圣经学校北面原陆军四十九标营房，被借为长沙临大男生宿舍。房舍因年久失修，破败不堪。张伯苓常委时任军训队队长，除规定学生参加军事训练外，还将学生全部按军队管理方式编为大、中、小队，并依此排定床位，故在这里居住的男生们都戏称自己为"标客"。
　　女生宿舍则租用圣经学校附近的涵德女中一幢楼房。（任扶善提供）

▲ 地处湘江西岸的岳麓书院为湖南大学校舍，长沙临大工学院的电机系和机械系在此寄读。机械系航空工程研究班、化工系学生则分别到南昌航空机械学校和四川重庆大学寄读，由长沙临大派部分教授前往各校授课。
　　因临大校舍不敷分配，又将文学院迁往位于南岳衡山的圣经学校分校，称为长沙临大南岳分校，先后有教员30余人，学生约200人。南岳分校于1937年11月16日开学，1938年1月20日寒假后全部返回长沙准备西迁。
（选自《岳麓书院》）

◀ 1938年的长沙城地图。长沙临大校舍或租或借，其分布东在韭菜园圣经学校（院）、涵德女中、四十九标军营一带，西在湘江西岸岳麓山东麓，南则远在离长沙200余里的衡山。（选自《西南联大北京校友会简讯》第16期）

1937年10月，南开大学部分教授同仁在长沙临时大学校舍前合影。自左至右：一为丁佶，三至七为杨石先、张友熙、黄钰生、方显廷、陈序经。

天津沦陷后，南开大学教师大多陆续南下，一部分随经济研究所、化学工程系迁往四川重庆，一部分至长沙临大。南开大学秘书长黄钰生、理学院院长杨石先于天津沦陷前，一直在组织人员将图书、设备等尽可能运出学校，安排留校学生、教师及眷属撤往安全之地。日机轰炸南开校园后，又与郭屏藩等冒险到校内检点情况。最后撤离学校时，黄钰生只带走一条布褥、一件衬衣，而杨石先则只有身上的一套单衣和一架相机，个人财物特别是最为珍视的藏书尽遭损失。他们与南开其他教师历经波折，相继到达长沙，开始了临时大学的教书、办学工作。〔选自《杨石先纪念文集》〕

北京大学部分教授在长沙临时大学合影。左一、二为故宫博物院沈兼士、张庭济；左三起为北大教授郑天挺、魏建功、罗常培、罗庸、陈雪屏。他们一行离平赴津后，因铁路被阻断，只好走水路取道青岛、香港，至梧州、贵县、柳州再转桂林，由公路入湘，经衡阳抵达长沙，此时已是1937年12月14日，路上用了将近一个月。罗常培、魏建功、罗庸、陈雪屏等立足未稳，又赶赴南岳分校授课，郑天挺则留在长沙讲授隋唐五代史。当时教师们大多只身赴湘，妻小或无奈滞留沦陷区，或暂避家乡、亲友处。战乱纷离，国事、家事均令人忧虑不安。魏建功曾赋诗感怀："居危入乱皆非计，别妇离儿此独行。欢乐来时能有几，艰难去路怖无名。文章收拾余灰烬，涕泪纵横对甲兵。忍痛含言一挥手，中原指日一收京。"（《1937年中国知识界》242页）〔郑克扬提供〕

▲ 清华大学教授沈履、潘光旦、吴有训（自左至右）合影于长沙麻园岭清华办事处门前。（陈岱孙摄）

北平沦陷前的6月份，物理学界曾经历了一件盛事，丹麦著名物理学家尼尔斯·玻尔受邀来平访问、讲学。吴有训时任清华大学物理系主任、中国物理学会会长，他与北京大学物理系主任、江西同乡饶毓泰一起，共尽地主之谊。盛事余音未尽，就爆发了卢沟桥事变。得知三校在长沙组建临时大学的消息，吴有训毅然告别了刚刚分娩的妻子，与冯友兰等一起踏上赴湘的路程。清华教务长潘光旦、秘书长沈履安排好校产保管等一应工作后，也于9月28日到达长沙。

长沙临时大学1937至1938年度学生点名记分册。

▲ 学生报到注册时所发的长沙临时大学入学证。

1937年9月28日，长沙临时大学筹委会第二次常委会决定三校旧生于10月18日至24日报到注册，10月25日开学，至27日选课，11月1日正式上课。随后，"即于京、沪、汉、粤、浙、湘、鲁、豫各地登报公告，并由三校分函个别通知"（《北京大学史料·三》11页）。三校学生得知消息后，陆续抵湘。沦陷区的学生更为艰辛，他们想方设法通过日军封锁线，一路颠沛磨难，才到达学校。至11月20日止，旧生报到1120人，其中北大342人，清华631人，南开147人。又遵教育部规定接纳借读生218人，另有北大、清华在武昌联合招收及南开中学毕业直升大学的新生114人，总计为1452人。

第二章 奉命迁湘

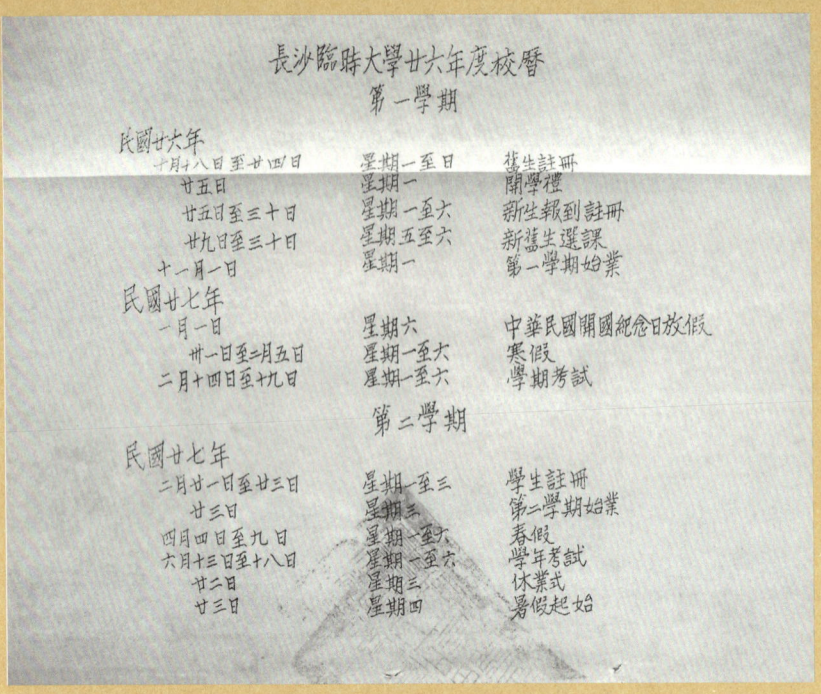

▲ 长沙临时大学1937年度校历。后因战事吃紧，学校决定西迁时对第二学期校历做了修订。（清华大学档案馆提供）

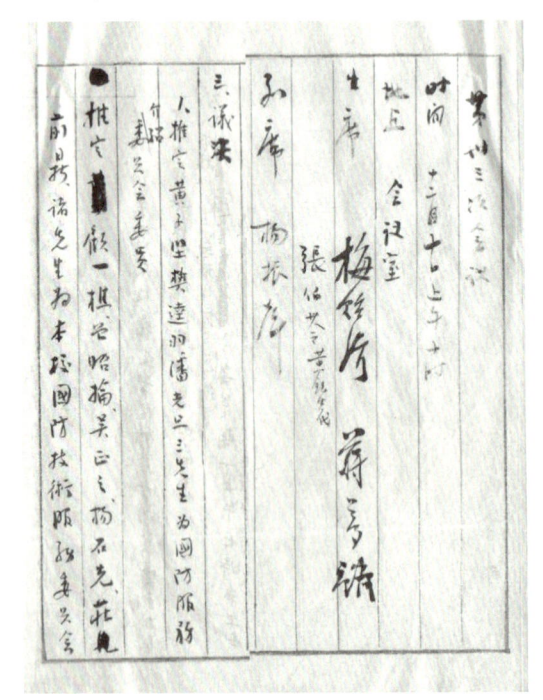

◀ 长沙临大第三十三次常委会会议记录。

1937年12月10日，就在日寇侵入南京前三天，常委会召开了第三十三次会议。议决成立国防服务介绍委员会和国防技术服务委员会，并推定了组成人员及负责人。随即又制定、公布了关于学生参加国防服务可保留学籍、服务完毕返校凭证明以学期成绩记录等优待办法。后又将两个委员会合并为国防工作介绍委员会，以指导、管理、鼓励学生参加国防服务，并推定吴有训为召集人。为满足学生了解抗战局势的需求，学校还先后邀请张治中、张季鸾、陈诚、白崇禧、陈独秀、徐特立等不同政治派别的名流、学者来校演讲。
（北京大学档案馆提供）

▲ 长沙临时大学南岳分校欢送从军同学会场之一隅。

1937年12月13日，南京沦陷即遭屠城。日军自华北至长江一带步步逼近，武汉面临危机，长沙亦于11月24日后数次被日机轰炸。在国家和民族陷入深重的灾难面前，临时大学不少同学参军或加入了战地服务团。据学校统计，提出保留学籍，领取肄业证明和参加抗战工作介绍信的学生总计295人。（北京大学校史馆提供）

◀ 1938年2月10日，长沙临大历史社会学系教授郑天挺在日记中记录了长沙被炸的情况。此时，学校已决定西迁。2月15日郑天挺与周炳琳、赵迺抟、姚从吾诸教授动身前往昆明。（郑克扬提供）

第 3 章 奉命迁湘

第 4 章

徒步千里

"万里长征,辞却了五朝宫阙。暂驻足衡山湘水,又成离别。"长沙临时大学自1937年11月1日正式开学以来,日军空袭的威胁就一天也没有间断过。虽然开学当天的防空警报只是一场虚惊,日军来袭,幸未投弹,但在11月24日,长沙第一次遭到日机的轰炸,市民便伤亡惨重。12月13日,南京失守,武汉震动,日机空袭长沙的次数不断增加。立足未定的临时大学将搬迁提上了议事日程。临大常委会经过反复研究,最终选定了云南省省会昆明,一则考虑昆明乃后方重镇,相对比较安全,利于教学和科研活动的正常开展,二则考虑可假滇越铁路之便利,与外界沟通、采购教学和科研所需的图书和设备等。

1938年1月,长沙临时大学搬迁昆明的决定得到了国民政府的批准。1月20日,临大常委会第四十三次会议对西迁入滇做了具体的安排。会议决定:学校迁移昆明,教职员路费津贴每人65元,学生每人20元。教职员及学生统限于1938年3月15日以前在昆明校址报到。建立昆明办事处及广州、香港、海防、河口各接待处,负责帮助教职员及学生接洽食宿、购买车船票等事宜;指定各处负责人,昆明办事处由秦瓒、庄前鼎、杨石先、汪一彪、王明之、章廷谦、李洪谟等负责,广州接待处负责人为郑华炽,香港接待处负责人为叶公超、陈福田,海防接待处负责人为徐锡良,河口接待处负责人为雷树滋。会议修正通过的学生赴滇就学之手续及路程规定:学生须领填赴滇就学志愿书,交注册组转呈常委会审核。男生体检合格者领取甲种赴滇就学许可证,凭此注射伤寒预防针并到旅行团团部报到,准备步行赴滇,学校不再发给路费津贴。其他男生及全体女生领取乙种许可证,享受20元路费津贴,接种牛痘,办理乘车证明,提交个人照片,由学校统一办理护照。

为加强对昆明办事处的领导,第四十五次常委会决定:昆明办事处推定蒋梦麟为主任,主持建校事宜,秦瓒为副主任兼管会计事务,李洪谟为助理,王明之、杨石先主管建筑,汪一彪主管交通,章廷谦主管文书。

1938年2月,临大师生由长沙分三路赴滇。一路是水路,由樊际昌、梅美德和钟书箴带领,成员包括教师及眷属、体弱不适于步行的男生和全体女生,共计600多人。他们分批经粤汉铁路至广州,取道香港,走海路到安南(今越南)海防,由滇越铁路到蒙自、昆明。一路是陈岱孙、朱自清、冯友兰、郑昕、钱穆等10余名教授的乘车路线,经桂林、柳州、南宁、镇南关(今友谊关)抵河内,再由滇越铁路到蒙自、昆明。这一路人员的主要任务是受常委会的委托向广西当局解释长沙临大没有决定迁往广西的原因并表谢意。第三条路线为湘黔滇旅行团的西迁路线,即由湘西经贵州直赴昆明,全程1663.6公里,其中步行1300公里,堪称中国教育史上的一次壮举。

长沙临时大学对湘黔滇旅行团进行了精心的组织,多次召开常委会讨论决定各种细节。常委会明确指出:学生步行沿途做调查、采集等工作,且借以多习各地风土民情,"务使迁移之举本身即是教育";步行学生到昆明后,所缴报告成绩特佳者,学校予以奖励;途中由学校雇用汽车民船,更迭步行与乘船车,以资休息。对具体路途进行了详细计划:自长沙至常德,193公里,步行;自常德至芷江,361公里,乘民船;自芷江至晃县,65公里,步行;自晃县至贵阳,390公里,乘汽车;自贵阳至永宁,193公里,步行;自永宁至平彝(今富源),232公里,乘汽车;自平彝至昆明,237公里,步行。原计划步行688公里,但在旅途中有所改变,除从长沙到益阳、从常德至桃源乘船及从沅陵到晃县乘汽车外,其他路途均为步行,几乎为原计划的两倍,达1300公里。

应临时大学的要求,国民政府军事委员会指派中将参议黄师嶽担任旅行团团长，对旅行团实施军事化管理。旅行团参谋长由军训教官毛鸿上校充任。290名学生被分成2个大队，每个大队辖3个中队，每个中队设3个小队，计全团2个大队、6个中队、18个小队。（《中国教育史上的一次创举》6页）大队长分别由教官邹镇华、卓超二人担任，中队长和小队长则一律由学生自己担任。学校组织参加旅行团的11名教师组成辅导团，由黄钰生教授领导，成员包括中文系教授闻一多、教员许维遹、助教李嘉言，生物系教授李继侗、助教吴征镒、毛应斗、郭海峰，化学系教授曾昭抡，地学系教授袁复礼、助教王钟山，其中黄钰生、李继侗、曾昭抡、袁复礼等4人组成旅行团指导委员会，黄钰生任主席，负责领导日常工作。校医助理徐行敏等3人为随团医生。学校为每个大队配备一个伙食班并指派一名炊事员，另加五六名学生。按照团长的指示，每名学生可将旅途必备用品如被褥和换洗衣服等物打成重量不超过8公斤、体积不超过4立方尺行李一件，由学校雇用的两辆卡车随团运送，不能随团携带的其他物品出发前交学校统一代运，到达昆明后凭收条领取。湖南省政府向旅行团赠送了统一的行军装束：土黄色军装、绑腿、干粮袋、水壶、黑色棉大衣、油纸雨伞。

　　旅行团于2月19日晚登船待发，20日驶离长沙，4月28日抵达昆明，受到学校领导和同学们的热烈欢迎。途中68天，除了休整、天气阻滞以及舟车代步外，实际步行40天，平均每天步行32.5公里，最多的一天达到53公里。沿途经过的主要城镇有湖南的益阳、常德、桃源、沅陵、晃县，贵州的玉屏、镇远、贵阳、镇宁、安南，云南的平彝、曲靖。

　　对于过惯了舒适的大学生活的旅行团师生而言，68天的长途跋涉本身即是对身体和意志的双重考验。行军是不分晴天和雨天的，即使是大雨倾盆也要冒雨前进，步行的40天中只有12个晴天。同样，行军途中也是不允许掉队的，更何况那险峻的山岭和起伏的高原更增加了旅途的艰辛。脚底磨出了血泡，用针挑开后第二天继续上路。没有床铺的时候，地上铺上稻草也一样香香入眠。野外就餐成了家常便饭。其间还杂有土匪来袭的惊扰和野兽出没的恐惧。但最终他们战胜了身体的疲惫，战胜了陡峭的山路、雨雪的封堵和急流中皮划的摇晃，他们经受住了体力和毅力的磨练。

68天的长途跋涉同样给走出象牙塔的旅行团师生打开了书本以外的大世界。饱览名胜古迹和秀丽山川，增强了师生们对祖国的热爱；拜访苗寨，接触民众，调查社会，使他们感受到国家经济的落后和百姓生活的艰难，尤其是对鸦片给人们带来的危害有了切身的认识。辅导团的教师们也不失时机地进行实地教学：闻一多教授讲桃花源地名的原始意义，指导学生收集民歌、研究地方民族语言；李继侗教授介绍云南农村的情况；袁复礼教授在湘西、黔东讲河流、地貌和岩石的构造变形，在黔西讲岩溶地貌和地文发育。师生们都增添了许多书本上无法得到的知识。这是一次真正的"社会即学校，生活即教育"的实践。

湘黔滇三省地方政府和民众的支持是徒步迁徙能够顺利完成的一个重要条件。从赠送全套的行军装备到湘江岸边的欢送，从玉屏县的布告到贵州省主席吴鼎昌的热情款待，从接运行李的汽车到平彝县县长的欢迎宴会和曲靖悬挂的国旗，都在为旅行团提供便利并鼓励他们坚定向前的同时，激发着他们的爱国情愫和复兴民族的使命感。

健康的体魄、坚强的意志和神圣的使命感不仅支持着旅行团顺利地完成了徒步迁徙，更伴随着联大全体师生度过在昆明的日日夜夜，成为联大精神不可或缺的部分。

在纪念联大九周年校庆大会上，胡适在谈到湘黔滇旅行团千里徒步入滇时曾说道:"这段光荣的历史,不但联大值得纪念,在世界教育史上也值得纪念。"(《国立西南联合大学史料·一》17页)

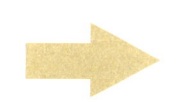

本章照片未注出处者皆选自《中国教育史上的一次创举》。

▲ 1937年11月12日，日军占领上海，民众流离失所。（选自《旧中国大博览·下》）

第4章 徒步千里

▲ 1937年12月13日，日军占领南京。（选自《旧中国大博览·下》）

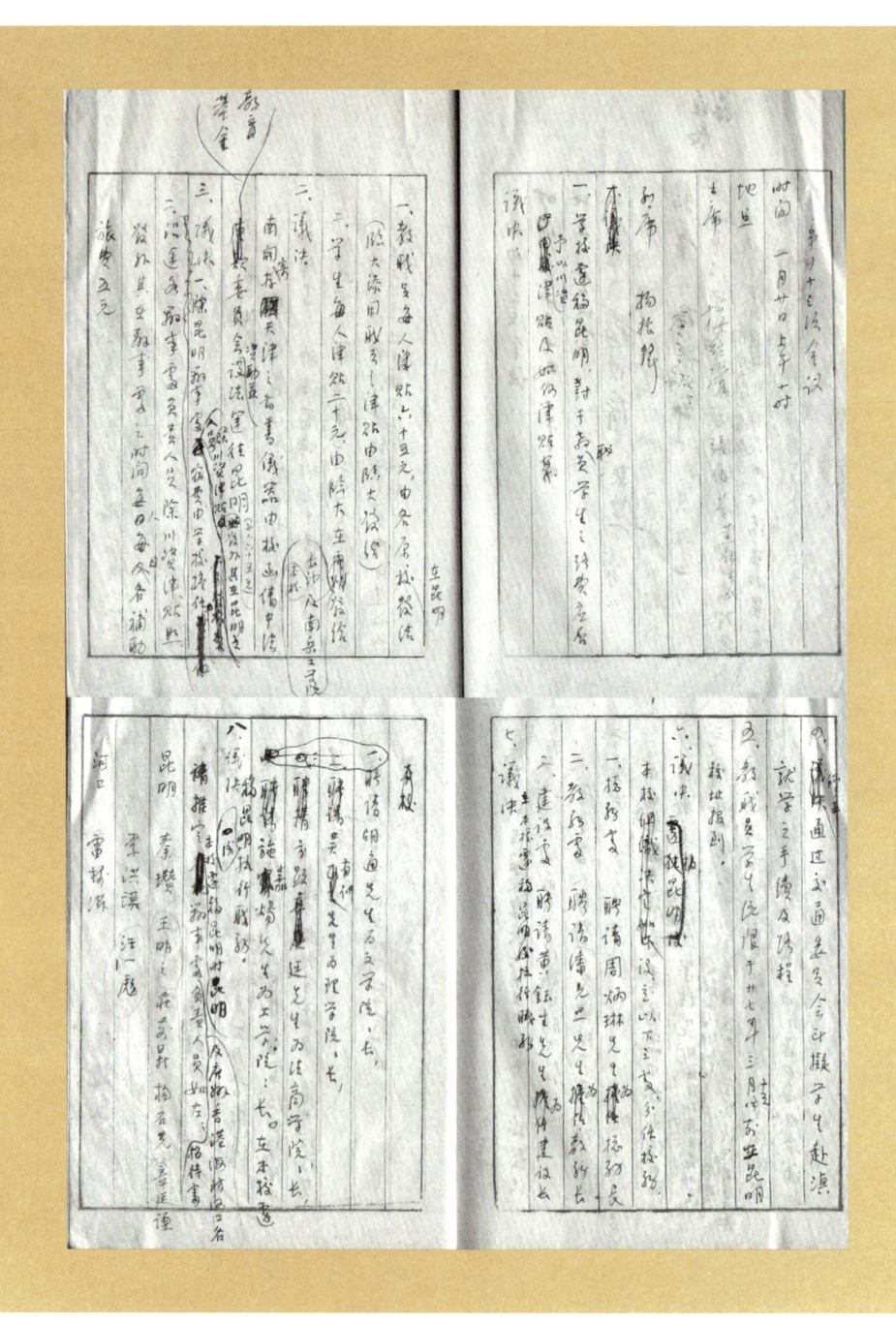

1938年1月20日，长沙临时大学常委会第四十三次会议决定：学校迁移昆明。（北京大学档案馆提供）

第 4 章 徒步千里

▲ 《修正学生赴滇就学之手续及路程》对赴滇就学的手续、要求及路线等都做了初步规定。
〔清华大学档案馆提供〕

▶ 长沙临时大学布告：赴滇就学女生及教师家属等由樊际昌等负责组织；由黄钰生等组成湘黔滇旅行团指导委员会，黄钰生任主席，聘请黄师岳为旅行团团长。〔清华大学档案馆提供〕

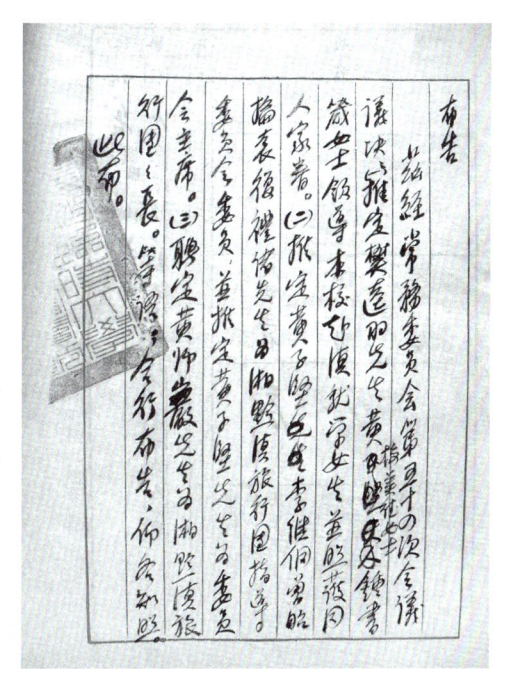

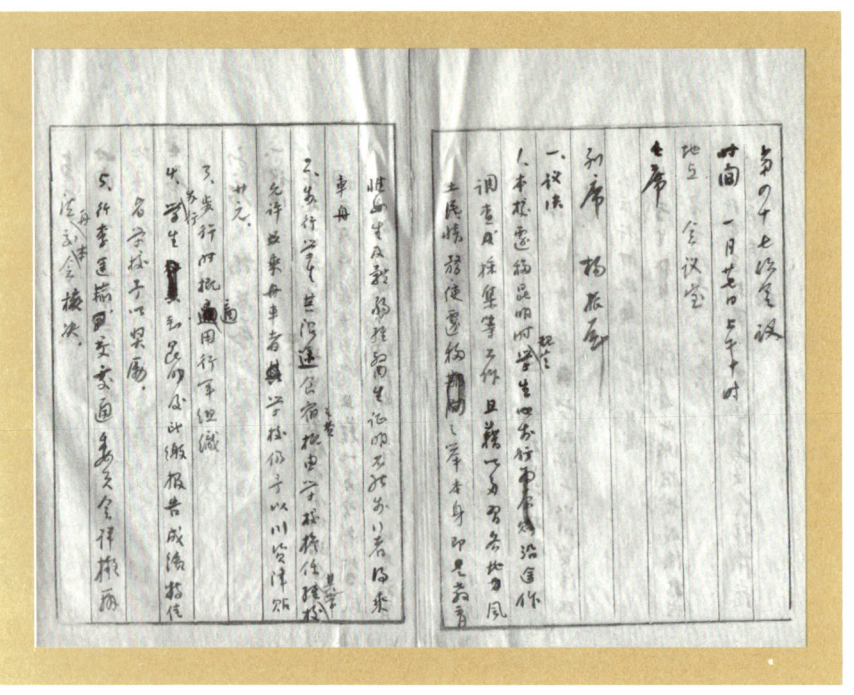

▲ 1938年1月27日，长沙临时大学常委会第四十七次会议规定旅行团的任务为：调查采集，习各地风土民情，"务使迁移之举本身即是教育"。（北京大学档案馆提供）

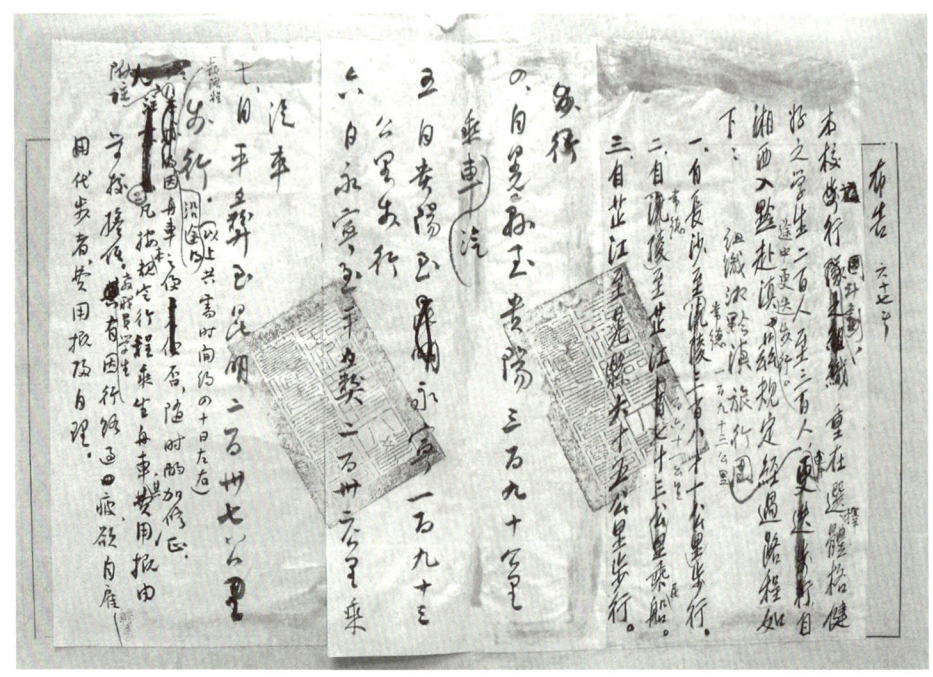

▲ 旅行团行程安排之布告草稿。（清华大学档案馆提供）

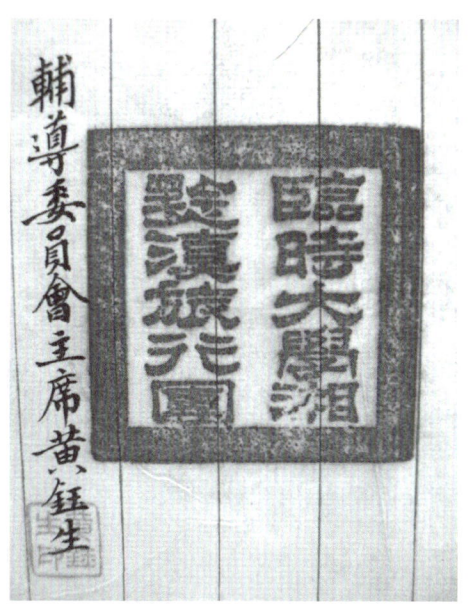

▼ 长沙临时大学三路西迁入滇示意图。（北京大学校史馆提供）

第四章 徒步千里

▲ 旅行团印章印模及辅导（指导）委员会主席黄钰生的私人印章印模。（清华大学档案馆提供）

▼ 湘黔滇旅行团行军路线图。（杨启元绘）

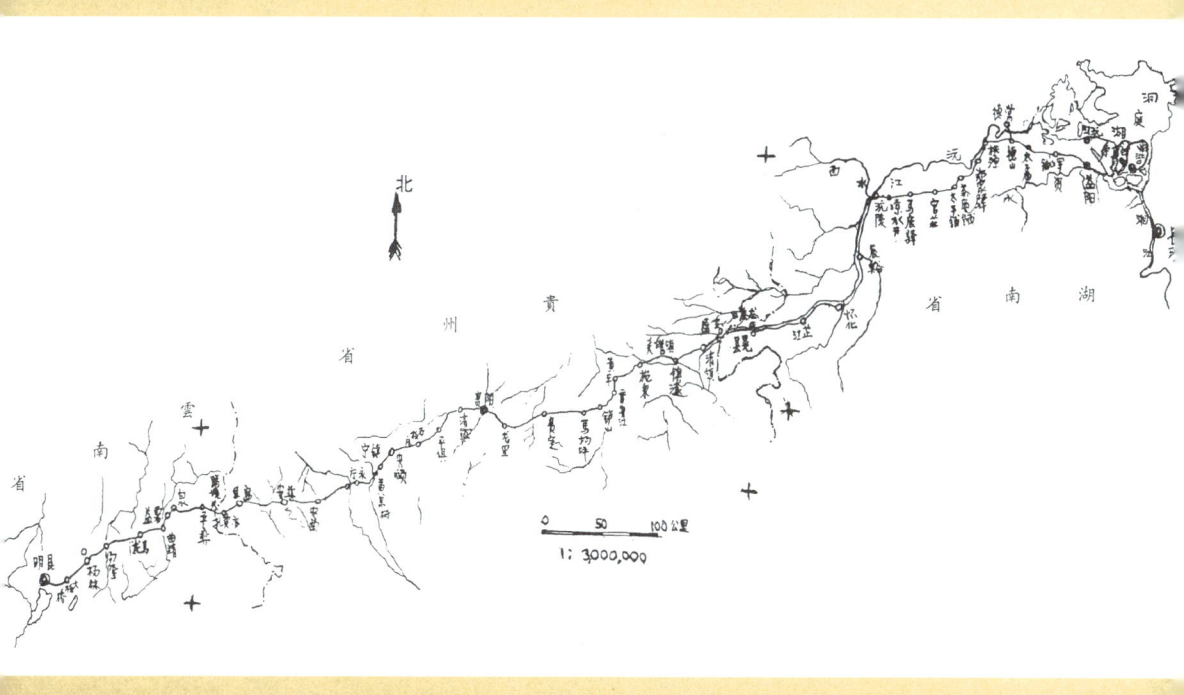

▲ 旅行团随队的三位医护人员。左一为校医助理徐行敏。（西南联大北京校友会提供）

▲ 旅行团团长、中将参议黄师嶽出发前在长沙。

▼ 旅行团参谋长毛鸿上校（中）与旅行团两位大队长在长沙合影。左为二大队长卓超，右为一大队长邹镇华。三人均为临时大学军训教官。

▲ 旅行团辅导团由11名教师组成。此为其中10名教师的合影。左起：李嘉言、郭海峰、李继侗、许维遹、黄钰生、闻一多、袁复礼、曾昭抡、吴征镒、毛应斗（缺王钟山）。（北京大学校史馆提供）

◀ 一大队长与三位中队长合影。左起：三中队长曹宗震、二中队长李象森、一大队长邹镇华、一中队长陆迪利。

第 4 章　徒步千里

◀ 一大队一中队三分队队员合影。前排左起：陈之颉、傅幼侠、冯钟豫（？）、沈功、史国衡；中排左三至左七：姜希贤、彭秉璋、陈守常、鲍栋年、彭弘；后排左二丁道炎、左三陈营生。

◀ 一大队二中队四分队队员合影。前排左起：李家丰、刘树森、陶亿、季镇淮、杨春芳、宁孝憨、萧人俊、杨起；后排左起：余树声、齐潞生、刘明侯、高小文。

◀ 一大队三中队九分队队员合影。前排左二起：林振述、郑逢源、小广东、余文豪（分队长）、刘重德；后排左三起：迟习儒、王金钟、王纪元。

▶ 二大队一中队一分队队员合影。前排左起：王宗炯、洪朝生、王乃樑、蔡孝敏、王洪藩、吴大昌、高仕功；后排左起：何广慈、林宗基、赵泽丰、白祥麟、许安民、刘金旭（分队长）、陆智常。

▶ 二大队二中队五分队队员在云南曲靖的合影。前排左起：张家骅、汪籛、江爱钟、杨汝楫、颜保民、沈云、李家治；后排左起：郭世康（分队长）、梁行素、唐立镔、姚荷生、张兆杰、朱延辉、白冲浩。

国立西南联合大学图史

72

▶ 二大队三中队九分队队员于贵州安顺孔庙合影。前排左起：明景乾、徐长龄、金鸿举、王绍坊（？）、庞礼、贾朴；中排左一胡秉方、左二周醒华、左五李悦（？）；后排左一曾鼎乾（分队长）、左二张炳熹、左四侯立臣。

▼ 旅行团指导委员会主席黄钰生（左一）与旅行团中全体南开大学团员于贵州盘县合影。长沙临大前，黄钰生任南开大学秘书长。不惑之年的他担任旅行团指导委员会主席，负责旅行团全部的日常管理工作。为保证经费安全，他将钱款装入一条有夹层的布袋，缠在腰间，并外罩学生军装。后谈及此事，自嘲是"腰缠万贯下西南"。

▶ 1938年2月19日下午，旅行团全体成员在长沙圣经学校集合，湖南省主席张治中的代表、旅行团团长黄师岳、旅行团指导委员会主席黄钰生等分别讲话之后，旅行团登船待发，20日驶离长沙。

第四章　徒步千里

▲ 因去常德的水路水浅，船不能行，旅行团改道益阳。徒步行军自益阳始。

▲ 早饭过后，带好午餐干粮，整队待发。

◀ 旅行团团员的统一着装：土黄色军服、绑腿、干粮袋、水壶、黑色棉大衣、油纸雨伞。

▲ 徒步行军伊始，采用标准的军队行军方式：两路纵队沿道路的两侧齐头并进。

▼ 辅导团的教师闻一多（左二）、许维遹（左三）、李继侗（左四）途中小憩。

▼ 因每个人的体力不同，集体行军的要求渐渐降低。清晨整队出发后，团员们便随意组成三五成群的小队，快慢进停自行掌握。重要的是，午饭打尖和晚饭住宿时总是一个不缺。这是一大队三中队九分队的刘重德（左二）、迟习儒（左三）、郑逢源（左四）等在途中休息。

◀▶ 中午打尖。午餐一般是吃自带的干粮、咸菜，喝些开水。或找个茶馆，或在野外席地而坐。（西南联大北京校友会提供）

▼ 埋锅造饭。大队人马到来之前，要先烧好几大锅开水，让徒步一天的人们先把水喝够，然后热水洗脚解乏。（西南联大北京校友会提供）

◀ 徒步行军的前些天，挑脚泡是每天晚上的固定节目。因脚泡无法行走的队员，可凭两位大队长的签条临时搭乘运送行李的卡车。日子久了，脚底磨厚了，脚泡也就不见了。

▶ 人是铁，饭是钢。

▼ 开饭分菜。这也是清点人数的最好时机。

第４章 徒步千里

▲ 3月6日，冒雨抵沅陵。暴风雨后，大雪光临沅陵，旅行团被迫暂住5日。因湘西常有土匪出没，旅行团决定乘车前往下一站。但大雪未融，寸步难行。

▲ 旅行团沿途住宿主要是借住学校或祠堂庙宇，或住老百姓家里。常常睡在铺满稻草的地上，体验着寻常百姓的生活。

▲ 在河中洗涮。

▶ 旅行团的教师们旁听村民议事。左二曾昭抡、左五李继侗、左六闻一多。

▲ 3月17日，到达湘黔两省分界处的鲇鱼堡。为防御传闻放蛊的伤害，少数队员戴上了防毒面具。图中左三林从敏、左四黄培熙、左八刘维勤、左九黄明信。

▲ 互相搀扶，彼此友爱。

▶ 镇远县内，黄团长在训话。（西南联大北京校友会提供）

◀ 在贵州平坝天台山，旅行团教师与老和尚交谈后合影。左起：毛应斗、老和尚、郭海峰、李继侗。（西南联大北京校友会提供）

▶ 盘江铁索桥因损坏而无法通行。旅行团只能雇用皮划渡江。皮划窄小，每次可渡五六人，队员蹲坐，双手抓紧船舷。船内第三人为闻一多，第四人为李继侗。皮划前后两人划之，先沿岸逆流而上，近桥时，突然左转，如飞鸟般顺流而下，急至江心，划向对岸。行近对岸时，拨转上溯，缓缓靠岸。

▼ 4月13日，趁暂停安南缓解旅途劳顿之便，旅行团与安南县政府联合举行庆祝台儿庄大捷游行大会。

第 4 章 徒步千里

▼ 4月14日，安南至普安途中经过的二十四盘（二十四拐）。此为贵州公路的险段之一。山是直陡的，从山顶到山底公路需要转二十四个弯。

▼ 行近亦资孔附近的荒野时，传说这里常有虎豹出没，于是大家加速行进，一鼓作气到达亦资孔。抵达后，精疲力尽的师生躺在草地上休息。

▼ 沿途美丽奇险的风景、各种花木鸟兽、各式房屋器具，使十几年没动画笔的闻一多（左）兴趣再起，共画了五十余幅写生。途中他还与李继侗蓄起长髯，相约抗战胜利后剃剪。

▲ 闻一多素描：贵州安南县魁星楼。

◀ 4月19日，旅行团经过黔滇两省交界的胜境关。此为入滇之门户。

▲ 4月27日，旅行团到达大板桥镇，此处距昆明20公里。团长黄师岳、指导委员会主席黄钰生对同学讲话，分发草鞋和白袜，准备次日进昆明城。

第 4 章　徒步千里

▲ 4月28日，旅行团在昆明郊区贤园做最后的进城准备。（庞礼提供）

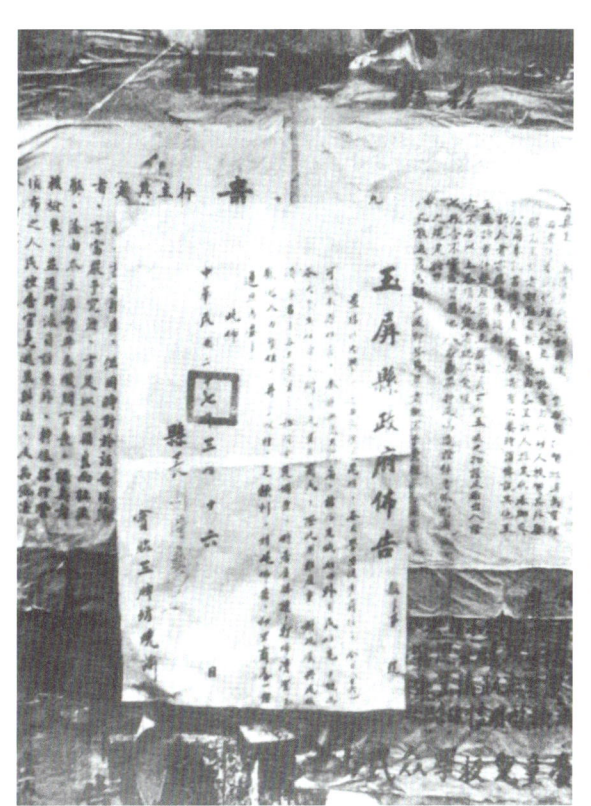

◀ 贵州省玉屏县政府为欢迎旅行团发出的布告："际此国难严重，对此复兴民族领导者——各大学生，务须爱护备至。"读到这里，大家深感肩上使命之神圣。旅行团能够顺利完成徒步迁徙与沿途各级政府和民众的爱护与支持密不可分。3月17日，旅行团到达玉屏县时，受到县长、各界代表及童子军的热烈欢迎。

◀ 3月21日，镇远县在省立师范学校欢迎旅行团，并设晚宴招待旅行团。

▲ 3月26日，旅行团在罏山与苗民举行汉苗联欢会。

▲ 3月30日，旅行团雨中抵达贵阳。在此停留休整期间，贵州省主席吴鼎昌宴请了旅行团全体。

◀▶ 为旅行团运送行李的苗民。〔庞礼提供〕

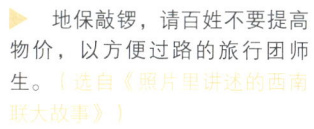

▶ 地保敲锣,请百姓不要提高物价,以方便过路的旅行团师生。〔选自《照片里讲述的西南联大故事》〕

▼ 4月19日,云南省平彝县县长向旅行团致欢迎词。当晚设宴招待旅行团。

▲ 4月22日,曲靖县城居民以悬挂国旗的方式欢迎旅行团的到来。

▽ 云南省政府派来汽车,运送旅行团的行李。

▶ 湘江上卖鸡蛋的船姑娘。迁徙之旅为走出书斋的师生提供了认识现实社会和普通民众生活的机会。

◀ 背孩子的农家妇女。湘西妇女任劳苦，善以竹器负物，急行山路，男子不及。（庞礼提供）

▶ 湘绣女工。

◀ 贩运桐油的湖南老乡。

第 4 章 徒步千里

▲ 成片的罂粟田。

▲ 贩卖鸦片的乡民。（选自《照片里讲述的西南联大故事》）

▼ 待干之供香。

◀ 路边卖甘蔗的苗族妇女。

▲ 贵州平坝热闹的集市。

▼ 云南曲靖回民聚居区写有阿拉伯文的牌楼。

▼ 湘西的青山碧水。沿途秀丽的山川和历史古迹增强了旅行团师生对祖国历史文化的热爱，也引发了"国破山河在"的时局忧思。

第 4 章　徒步千里

▶ 旅行团游览湖南桃源县的桃花源。桃花源有桃花观，观内有古桃花潭，潭后为秦人古洞。令人不禁想起陶渊明的《桃花源记》。

▼ 贵阳阳明洞。明代著名学者王守仁，世称阳明先生，被贬为贵州龙场（修文县治）驿丞时，曾在此讲学。

▼ 贵州龙里的牟珠洞。位于云贵高原东部的贵州，境内多有这种石灰岩溶洞及暗河。

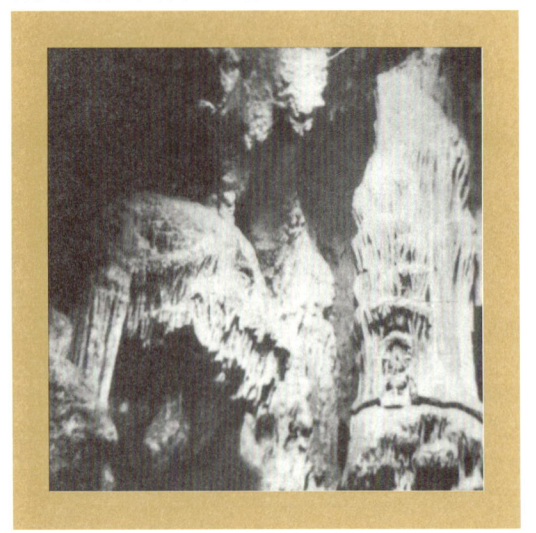

第 4 章 徒步千里

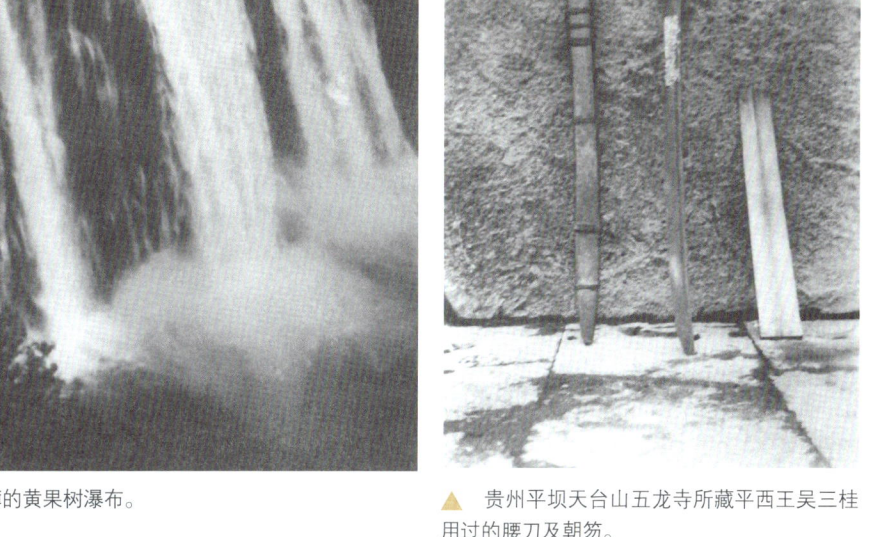

▲ 气势磅礴的黄果树瀑布。

▲ 贵州平坝天台山五龙寺所藏平西王吴三桂用过的腰刀及朝笏。

▼ 4月28日上午,梅贻琦常委(左三)亲自来迎接旅行团。图为他与旅行团团长黄师嶽(左二)握手。

▲ 身着旗袍的献花小姐。左起：赵元任次女赵新那、章元善女儿章延和章斐。

▲ 中央研究院同仁打出了"欢迎联大同学徒步到昆明"的欢迎横幅。

◀ 旅行团团员排着整齐的队伍走进昆明城。四名团员抬着花篮走在最前面。他们身后擎起的横幅上写着"国立西南联合大学慰劳湘黔滇旅行团"。

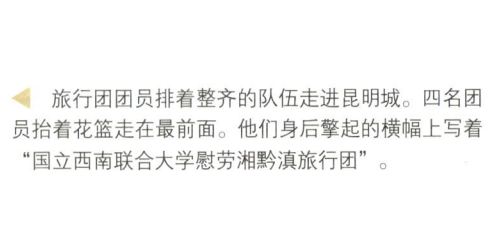

▲ 队伍绕行近日楼，之后经过正义路、华山东路，向圆通公园欢迎会场行进。

◀ 圆通公园欢迎大会会场。

▲ 全团做最后一次点名。因病提前乘车到昆明的团员,在旅行团进入昆明城前全部返队。

▲ 点名后,黄师岳团长将点名册呈交梅贻琦常委。
▼ 梅贻琦常委代表联大师生向旅行团致欢迎词。

◀ 为感谢黄师岳团长并答谢他对旅行团的宴请，全团在大观楼公园举行茶话会。李继侗（左一）代表全团向黄团长（左三）致谢词，左二为闻一多。

▼ 联大负责人与旅行团团长、参谋长、大队长、教师辅导团及随团医生等合影。前排左起：黄钰生、李继侗、蒋梦麟、黄师岳、梅贻琦、杨振声、潘光旦；中排左起：李嘉言、毛鸿、卓超、许维遹、闻一多、总务负责人、副医官；后排左起：吴征镒、徐行敏、邹镇华、杨石先、袁复礼、沈履、曾昭抡、郭海峰、护士、毛应斗。

第 4 章 徒步千里

旅行团团长黄师岳致函蒋梦麟、梅贻琦两常委，表示此次率旅行团到滇，"虽云跋涉辛苦，为民族国家服务，与数百青年同行三千里，自觉精神上痛快与光荣"；他婉拒了联大赠送的金表一只及川资500元，只留下纪念像，"什袭珍藏，永远存念，以纪此行"。（清华大学档案馆提供）

▲ 丁则良旅行日记手稿。旅行团曾指定丁则良、高亚伟、杨桂和三人为日记参谋，全面记录旅行团的活动。因太平洋战争爆发，交给香港商务印书馆的近20万字的日记未能出版。（北京大学档案馆提供）

▲ 旅行团学生钱能欣到达昆明后，将自己的旅行日记整理成《西南三千五百里》一书，交由商务印书馆出版。留下日记记述这次难忘的旅行的还有吴征镒、董奋、余道南、杨式德等人。[选自《西南联大纪念册》]

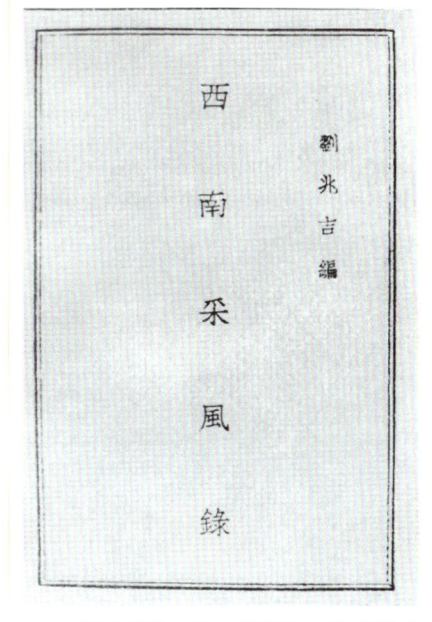

▲ 旅行团学生刘兆吉将途中收集到的2000多首民歌汇集成《西南采风录》一书。旅行团歌谣采访组的其他成员因旅途劳累及语言不通等原因纷纷放弃民歌采集，在闻一多的鼓励下，他一人独自坚持下来，因为他忘不了闻一多在教授《诗经》时所说过的话："有价值的诗歌，不一定在书本上，好多是在人民的口里，希望大家到民间去找去。"（《筚吹弦诵在春城》43页）[选自《西南联大纪念册》]

◀ 北京大学历史学系教授张寄谦1999年编辑出版的《中国教育史上的一次创举》，将大量旅行团历史照片、文献及旅行团成员的回忆文字等汇集一书。她于1945年考入西南联大历史学系。

第 4 章 徒步千里

第 5 章
落户昆明

1938年4月2日，奉教育部电令：国立长沙临时大学改称国立西南联合大学。

在昆明何处安身是西南联大面临的首要问题。早在长沙临大师生分三路踏上西迁入滇的旅途之前，昆明办事处便在常委蒋梦麟主任的带领下开始了筹建工作。在云南省政府和昆明各界人士的大力协助下，联大租下昆明东南城外拓东路迤西会馆、江西会馆和全蜀会馆用作工学院校舍，盐行仓库用作工学院学生宿舍；租下昆明西北城外昆华农业学校作为理学院校舍。联大总办公处设在了昆明城南的崇仁街46号，后迁至才（财）盛巷2号。联大对上述屋舍进行了简单的修缮，添置了部分桌椅，勉以应开课之急。

鉴于文学院和法商学院的校舍仍难以在昆明落实，蒋梦麟亲赴昆明以南300多公里的蒙自县城考察后，开会决定文、法学院设在蒙自。三校分别选派郑天挺、王明之和杨石先赴蒙自负责蒙自分校的筹办工作。

蒙自位于云南省南部。中法战争后，1878年依照《中法续议商务专条》开为商埠，县城东门外辟为租界，蒙自海关、法国领事馆随即建立，后亦有英、意、日、德、美等五国设立领事机构，一时成为贸易兴盛之地。1909年法国人修滇越铁路时不走蒙自而取道碧色寨，蒙自经济日渐萧条，风光不再。联大正是看上了当时蒙自海关、法国领事署、法国银行等长期闲置的房屋。联大租下原蒙自海关作教室，租下法国银行、法国领事署作为图书馆和教职员宿舍；租用法籍希腊人歌胪士的洋行作教职员和男生宿舍；借用周伯斋城内的住宅"颐楼"（又名听风楼）为女生宿舍。这几处闲置多年的房屋经过简单修缮后于1938年4月交付使用。

1938年5月，蒙自分校文、法两学院开课，学生500余人。

后因中央航空学校从柳州迁来，需征用分校的校舍及附近空地修建机场，加之限于当时的交通条件，从昆明到蒙自的路途往往需要一天的时间，管理甚感不便，联大遂决定期末考试结束后，师生于8月全部搬回昆明，蒙自分校撤销。文、法两院的师生分散到理学院校舍，房屋又显紧张，恰在此时教育部令联大增设师范学院，于是联大又租借了昆华师范学校、昆华工业学校、昆华中学的校舍以解燃眉之急。总办公处也随之搬到昆华工业学校。

联大在寻求各方帮助租借校舍以应教学之急的同时，亦在积极地考虑征地，建设统一的校舍。1938年4月19日，在昆明召开的首次常委会会议便做出决定：在昆明建筑校舍的预算暂定为20万元；设立以黄钰生为委员长，共15人组成的建筑设计委员会，计划建筑校舍事宜；聘请中国营造学社梁思成为校舍设计师。经多方考察并得到云南省教育厅的支持，7月选定昆明西北城外三分寺的120余亩地。最初的校舍设计方案因被指出没有考虑到理科做实验的需要而被迫修改，几经反复，拖延数月。没料到的是，此间物价飞涨，校舍预算日显拮据。原计划中的砖木结构三层楼房不得不改为平房，只有图书馆和食堂使用砖木结构并有瓦屋顶，学生宿舍是土坯墙、茅草屋顶，其他房屋为土坯墙、铁皮屋顶。1944年因经费问题，将办公室的铁皮屋顶变卖，也换成了茅草屋顶。

新校舍于1939年4月竣工，下半年交付使用，但仍然不能满足联大全部的教学需求。正如梅贻琦常委在1940年4月所言："联大在大西门外新建校舍，已全部完成，但其教室及宿舍之容量，尚不及全校所需之一半……"（《国立西南联合大学史料·六》142页）只能勉敷文、理、法商三学院之用。新校舍建在昆明市环城马路南北两侧形成南北二区，北区东部为教室、办公室、图书馆和食堂，常委会办公室亦在此区，西部为学生宿舍和运动场；南区为理学院各学系的办公室、实验室及部分教室。

工学院一直留在旧址。师范学院设在昆华中学北院，后遭日机轰炸，被迫迁至昆华工校。联大总办公处由昆华工校迁入新校舍。文、理、法商学院女生宿舍设在昆华中学南院。

1940年7月，日军攻占越南，昆明成为前方重镇，教育部令联大"宜作万一之准备"，被迫迁移再次成为当务之急。常委会于7月17日召开会议，决定按照教育部的指令，做必要的准备工作。7月26日，梅贻琦常委与教务长樊际昌、事务组主任毕正宣赴云南澄江考察，但澄江接纳能力有限，只能前去一个学院。8月28日举行的常委会上决定：推定叶企孙、周炳琳、杨石先赴四川勘察校址；设澄江分校，将一年级及先修班移往该处上课，由樊际昌赴澄江负责筹备分校事宜。9月9日，常委会在听取了樊际昌前往澄江筹设分校向当地各方接洽的情形后，决定不去澄江，大学一年级新生在四川所择定之新校址上课，并拟定各学院迁川的初步次序。10月初，四川省政府致电联大对联大迁川"极表欢迎"，并表示"校址似以泸县、宜宾、叙永一带为宜"。根据勘察结果，联大常委会于11月13日决定：设立叙永分校，聘请杨振声为分校主任；一年级及先修班学生应于12月10日前在叙永分校报到。后聘请李继侗为先修班主任。由于战时交通不便，新生入学注册时间推迟到1941年1月2日，6日开学，10日上课，学生600余人。第一学期到4月10日结束，五天后第二学期开始，到7月21日结束。

叙永地处川、滇、黔三省交界，办学条件比昆明更差。联大商借了叙永东城的文庙作为校本部和教室，帝王庙为女生宿舍，西城春秋祠、南华宫为男生宿舍，城隍庙为食堂。

两地办学为联大带来了诸多不便。虽然联大昆明校本部与叙永分校在分校是否继续办下去的问题上存有分歧，教育部也一直坚持联大迁往四川，在对各方意见进行了广泛讨论的基础上，1941年7月4日举行的第三届第五次校务会议还是做出决定：叙永分校不再续办。

1941年8月，叙永分校撤销。从此，联大安心落户昆明，直到抗战胜利后，1946年5月三校开始复员北返，7月31日，西南联合大学正式结束。

西南联大在落户昆明的8年里，遵教育部指令对院系、学科设置进行了增加和调整，设有5个学院、26个系、2个专修科、1个先修班和附属中学。文学院下设中国文学系、外国语文学系、历史学系、哲学心理学系等4学系，院长胡适（未到任）、冯友兰，代理院长杨振声、汤用彤；法商学院下设政治学系、法律学系、经济学系、社会学系和商学系等5学系，院长方显廷、陈序经、周炳琳，代理院长陈岱孙；理学院下设算学系、物理学系、化学系、生物学系和地质气象学系等5学系，院长吴有训、叶企孙，代理院长杨石先；工学院下设土木工程学系、机械工程学系、电机工程学系、化学工程学系、航空工程学系等5学系，电机工程学系内设电讯专修科，院长施嘉炀，代理院长李辑祥、陶葆楷；师范学院下设国文学系、英语学系、史地学系、数学系、理化学系、教育学系和公民训育学系等7学系，并与云南省教育厅合作举办学制1年的云南省中等学校在职教员晋修班，学制3年的师范专修科，附属中、小学，院长黄钰生，代理院长查良钊、陈雪屏、李辑祥、许浈阳；先修班专为报考联大落选生及未能按时到校注册的联大新生等举办，相当于预科班。

北大、清华、南开三校在昆明各设有办事处，各有其校务会议、各院院长、系主任及教务长和秘书长，负责处理三校自身的事务。在联大就读的原三校学生依旧保留原学籍和学号，三校的教员除由原校聘任外，再由联大加聘。研究生的课程由三校统一开设，但招生各自负责，所招学生亦分属各校，无统一的联大学籍。北大研究院有文科、理科、法科等3个研究所，计12个学部。清华研究院有文科、理科、法科、工科等4个研究所，计16个学部，另设5个只从事研究、不招收研究生的特种研究所。南开大学有经济研究所、边疆人文研究室和含有3个学部的理科研究所。

联大最高行政领导机构——常务委员会，由三校校长及秘书主任组成，常委会主席原则上任期1年，由三校校长轮值。南开大学校长张伯苓因担任国民参议会副议长而驻重庆，北大校长蒋梦麟亦不常在昆明，1945年6月出任行政院秘书长，10月，教育部令聘傅斯年为常委接替蒋梦麟，所以联大常委会的工作实际上一直由清华大学校长梅贻琦主持。常委会会议每星期举行1次，遇紧急情况可临时增开。在昆明期间，常委会共召开了328次会议。学校所有重要工作均在会上讨论、决议。1938年10月18日第九十一次会议决定，常委会会议请各院、处长列席。常委会下设总务、教务、建设三处，教务长先后由潘光旦、樊际昌、周炳琳、杨石先等担任，总务长先后由周炳琳、沈履、郑天挺等担任，建设长由黄钰生担任，1938年10月，建设处撤销。1939年7月，根据教育部要求增设训导处，由查良钊任训导长。

根据《大学组织法》的要求，联大设有校务会议和教授会，参与学校的管理。校务会议由常务委员、常委会秘书主任、三处处长、各院院长及由教授会推选的教授、副教授代表组成，每学年改选1次，原则上每学年举行1次会议，由常委会主席主持，主要审议学校的预、决算，院系的设立和废止，大学的各种规程，建筑及其他重要设备，校务改进及常委会交议事项等。西南联大在昆明共举行了59次校务会议。教授会由全体教授、副教授组成，常委及常委会秘书主任为当然成员。每学年至少举行1次，由常委会主席主持，推选参加校务会议的代表，审议事项包括：教学、科研及教学改进的方案，学生毕业成绩及学位之授予，常委会和校务会议交议的事项及向以上两会提交的建议等。西南联大在昆明共举行了31次教授会议。

蒙自分校和叙永分校也都设立过分校校务会议，主席分别由樊际昌和杨振声担任。

各种专门工作委员会是联大日常管理的重要组成部分。联大的教务长、总务长、建设长、训导长及各院长、系主任都由教授兼任，只有3位常委为专职。由于常设行政机构和专职行政工作人员较少，故在常委会领导下，成立各种专门委员会，协助常委会处理校务。从长沙临大到西南联大的9年中，常委会先后设立了70多个专门工作委员会，如行政机构调整委员会、财务行政设计委员会、建筑设计委员会、教职员眷属宿舍管理委员会，如图书设计委员会、出版设计委员会、理工设备设计委员会，如学生入学资格审查委员会、一年级学生生活指导委员会、奖学金委员会、学生贷金审查委员会、捐助寒苦学生委员会、毕业生成绩审查委员会，如防空委员会、国防工作介绍委员会、湘黔滇旅行团指导委员会、编制校歌校训委员会、联大一览编辑委员会、联大校志编辑委员会、教职员遭受空袭损害救济委员会，闻一多教授丧葬抚恤委员会，等等。这些专门委员会有些按学年进行人员调整，开展连续工作，有些是在任务完成后就随即撤销，如在1939年10月17日，就宣布了防空委员会、编制校歌校训委员会等7个委员会自1939年度起一律撤销。由于这些专门委员会主席和成员均为兼职，工作任务单一明确，针对性强，在保证教授治校的同时，既节省了人员成本，又提高了工作效率。这也是联大成功办学的一个重要的组织保障。

北大、清华、南开三校由京津至长沙暂驻，再落户昆明8年，本"刚毅坚卓"之精神，教书育人，研究学术，写下了中国教育史上辉煌的一页。

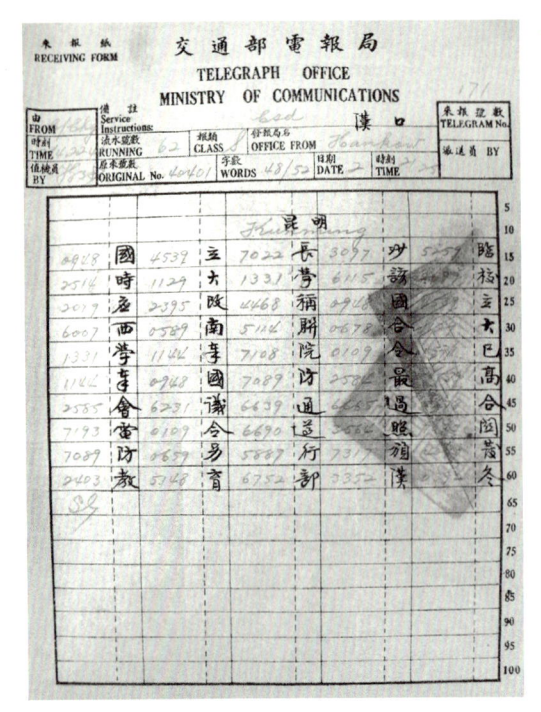

▶ 1938年4月2日，教育部电令国立长沙临时大学改称国立西南联合大学。（清华大学档案馆提供）

▶ 联大钢印印模。联大总务处文书组1938年12月16日起使用。（清华大学档案馆提供）

▶ 1938年12月21日举行的联大第九十八次常委会决定："自本学年起，本校常务委员主席任期定为一年，由清华、北大、南开三校校长按年轮值。本学年本会主席应请由梅贻琦先生担任。"实际上常委会的工作一直由梅贻琦主持，主席之职未曾轮值过。（北京大学档案馆提供）

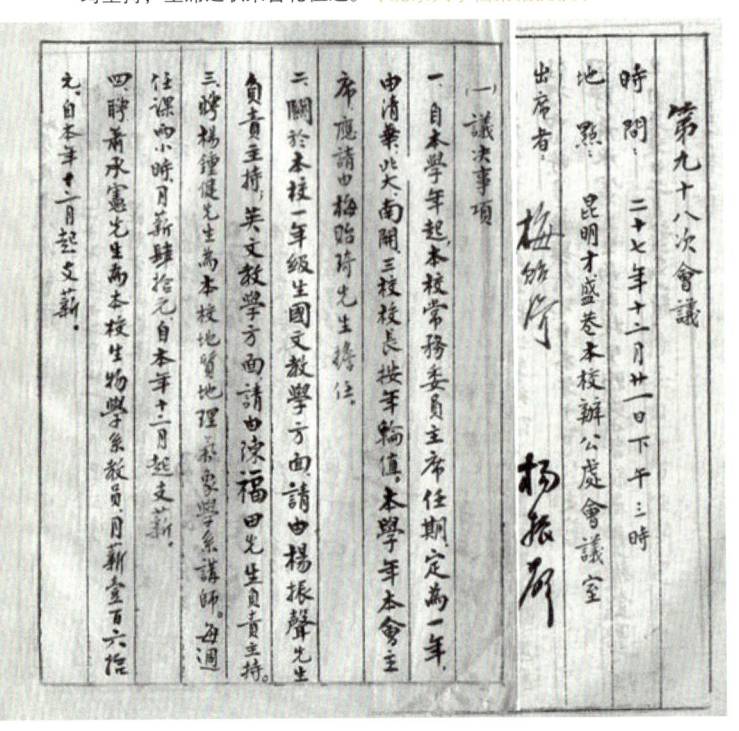

▶ 联大关防印模。1938年6月8日，国立西南联合大学铜质关防到校，7月1日正式启用。（北京大学校史馆提供）

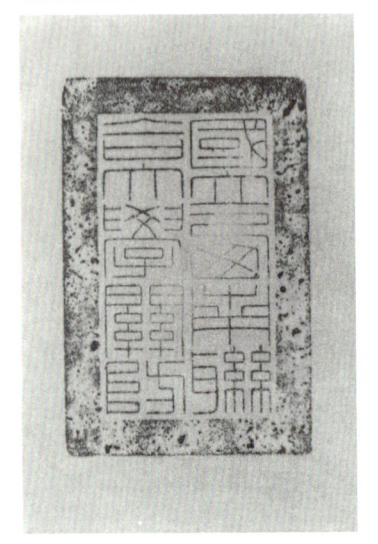

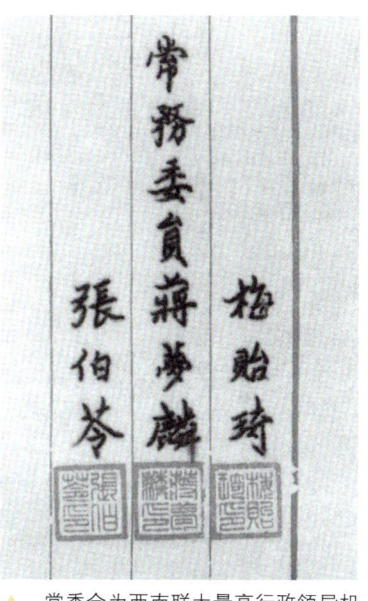

▶ 西南联大常委会办公室钤记印模。（清华大学档案馆提供）

▲ 常委会为西南联大最高行政领导机构。此为联大三常委共同签署文件的签名式样。（北京大学校史馆提供）

▼ 教育部1945年10月18日关于聘傅斯年为联大校务委员会常务委员的训令。1945年6月，北京大学校长蒋梦麟出任国民政府行政院秘书长并呈请辞去北京大学校长职务。9月，教育部任命胡适为北大校长，其未到任前由傅斯年代理校长之职并担任联大常委。（清华大学档案馆提供）

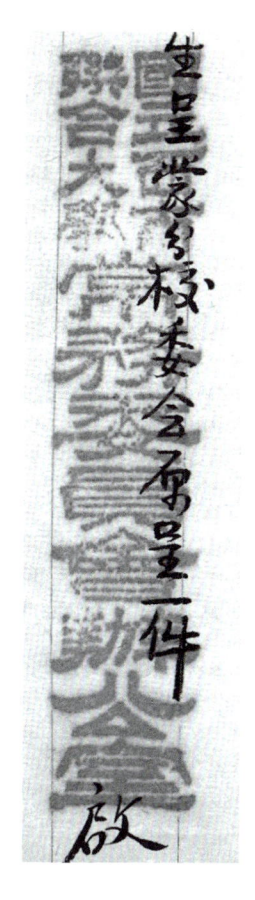

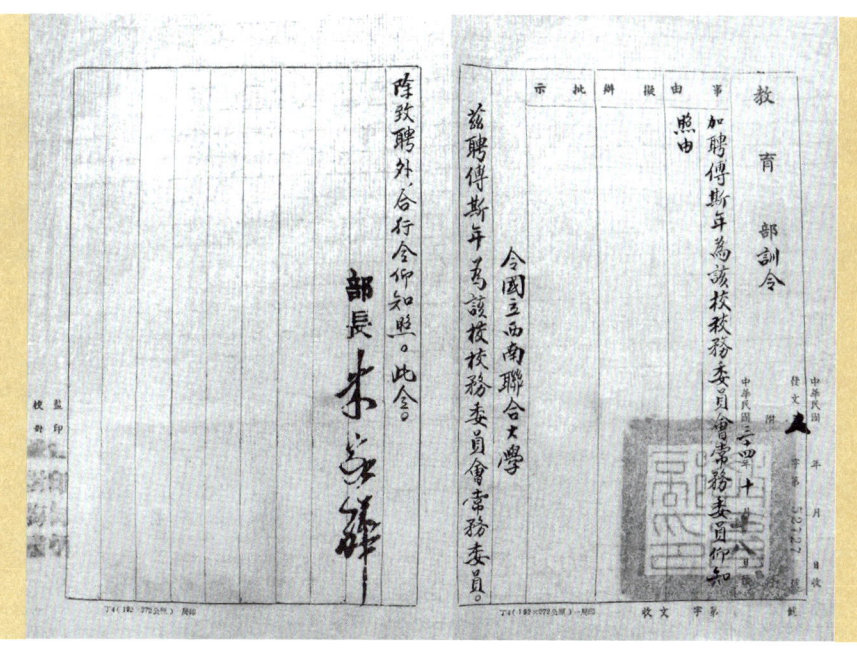

▲ 1938年7月6日，出席国民参政会第一届第一次会议的参政员合影。前排左八为张伯苓。南开大学校长、西南联大常委张伯苓在联大期间担任国民参政会副议长，常驻重庆。国民参政会为抗日战争期间国民政府成立的由各党派及无党派人士组成的国家最高咨询机构。（选自《图片中国百年史》）

▲ 西南联大常委会做出的各项决定主要是由其下设的总务处、教务处、建设处（1938年10月前）、训导处（1939年7月后）等来落实执行。此为三处的钤记印模。（清华大学档案馆提供）

▼ 1939年度西南联大组织概况表。此时建设处已撤销，训导处尚未设立。（清华大学档案馆提供）

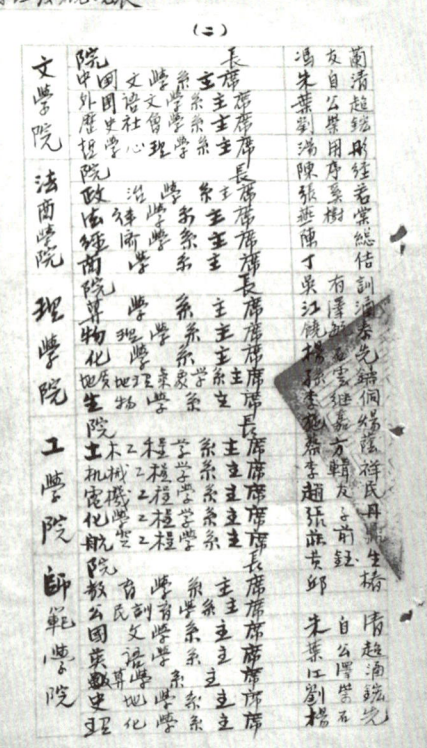

第三章 落户昆明

▲ 1938年8月9日，联大聘请梁思成（左二）、林徽因（左四）为校舍建筑工程顾问。这是联大期间他们携子女梁再冰（女）、梁从诫（男）与联大教授周培源（左一）、陈岱孙（左三）、金岳霖（左五）、吴有训（左六）等合影。[选自《街啼潇》]

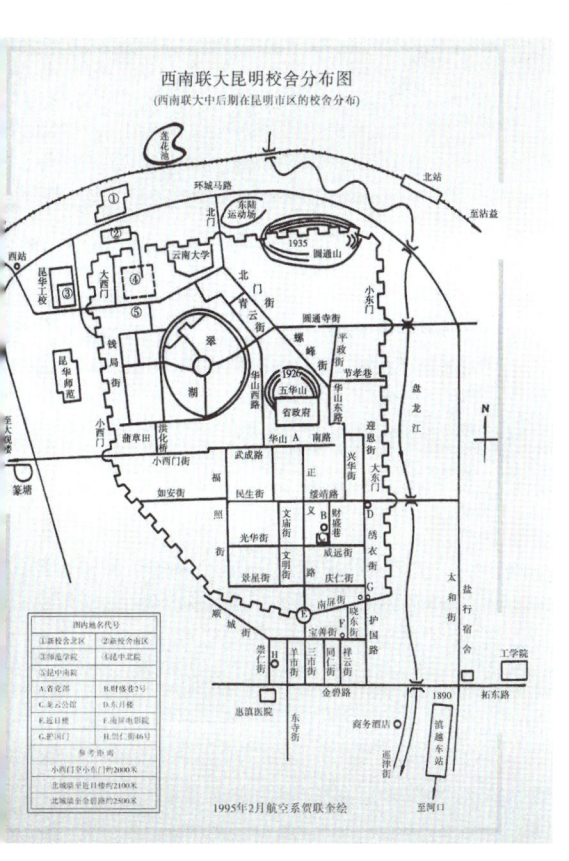

▲ 西南联大新校舍的大门。

◀ 西南联大工学院航空工程学系43级学生贺联奎于1995年绘制的联大昆明校舍分布图。

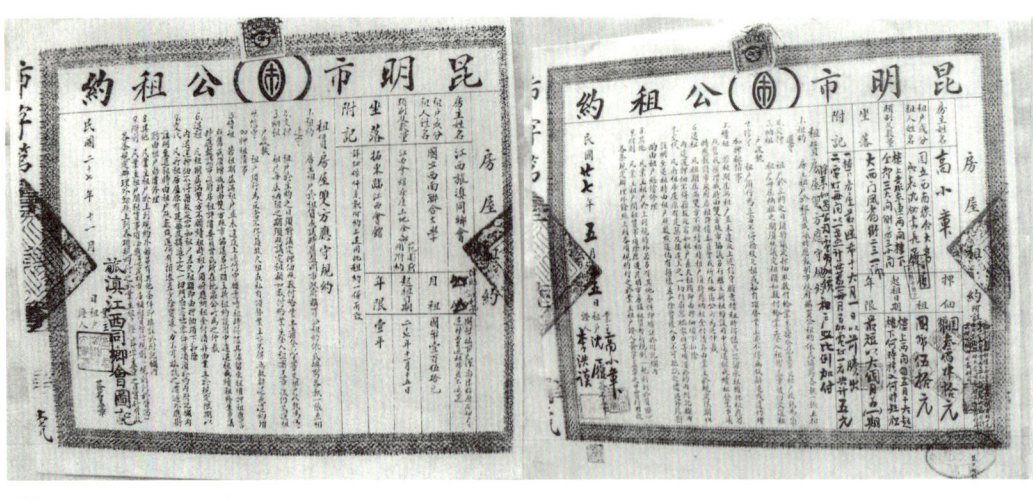

▶ 西南联大租借校舍的契约。（杨立德提供）

▶ 西南联大与云南省立昆华高级农业职业学校的租房地契约。（清华大学档案馆提供）

第 9 章 落户昆明

▲ 1938年春西南联大初到昆明时将总办公处设在昆明城南崇仁街46号，因该处狭小，1938年秋迁至才（财）盛巷2号，1939年4月迁往大西门外龙翔街的昆华工校，后落脚于联大新校舍。此为在昆华工校时的大门。（西南联大北京校友会提供）

▲ 才（财）盛巷2号，曾为北大昆明办事处所在地。这里是云南省主席龙云私宅的东半部，借给联大使用。北大办事处有南北两个院落：南院为办公区；北院为教授宿舍，蒋梦麟、周炳琳、朱物华、赵迺抟、章廷谦等曾在此居住。这里与龙云主席住的院子仅一墙之隔，可见他对北大教授们的信任与厚意。（北京大学校史馆提供）

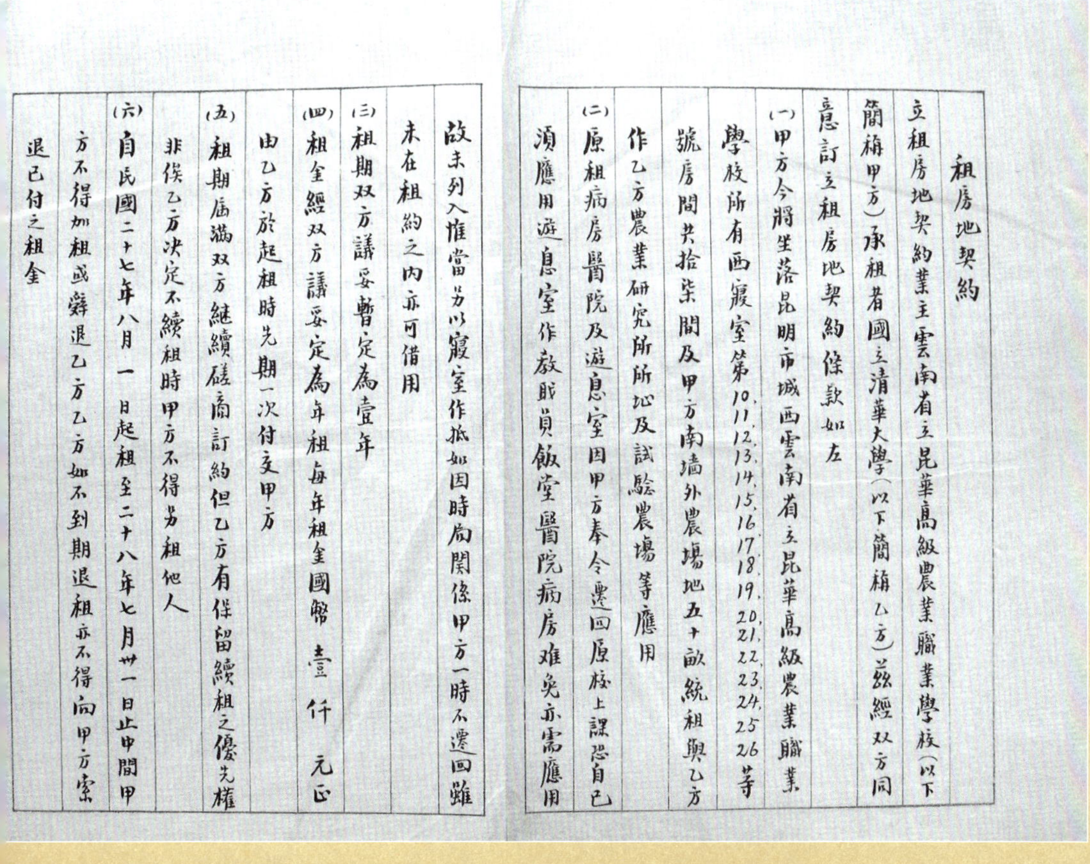

租房地契约

立租房地契约业主云南省立昆华高级农业职业学校（以下简称甲方）承租者国立清华大学（以下简称乙方）兹经双方同意订立租房地契约条款如左

（一）甲方今将坐落昆明市城西云南省立昆华高级农业职业学校所有西寝室第10.11.12.13.14.15.16.17.18.19.20.21.22.23.24.25.26等号房间共拾柒间及甲方南墙外农场地五十亩统租与乙方作乙方农业研究所所址及试验农场等应用

（二）原租病房医院及游息室因甲方奉令遷回原校上课恐自己须应用遊息室作教职员饭堂医院病房难免亦需应用

故未列入惟当时以寢室作抵如因时局关係甲方一时不遷回难未在租约之内亦可借用

（三）租金双方议妥暂定为壹年

（四）租金经双方议妥定为年租每年租金国币壹仟元正由乙方於起租时先期一次付交甲方

（五）租期届满双方继续磋商订约但乙方有传留续租之优先权非俟乙方决定不续租时甲方不得另租他人

（六）自民国二十七年八月一日起租至二十八年七月卅一日止中间甲方不得加租或辞退乙方乙方如不到期退租亦不得向甲方索退已付之租金

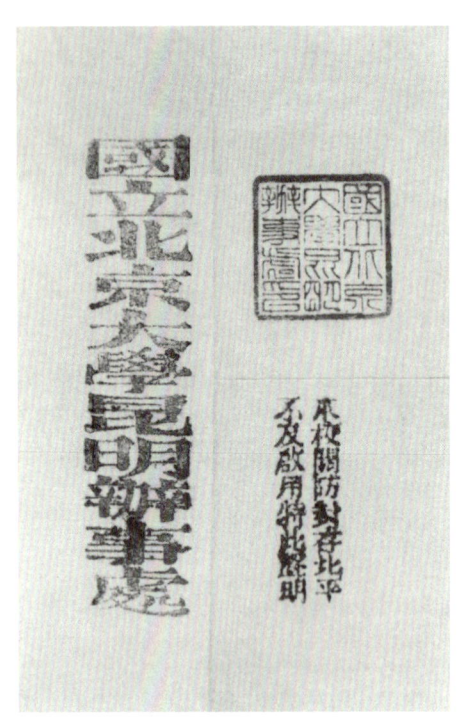

▲ 北大昆明办事处印章印模。（北京大学校史馆提供）

▲ 清华昆明办事处印章印模。清华昆明办事处几经迁移，后来设在西仓坡5号。（清华大学档案馆提供）

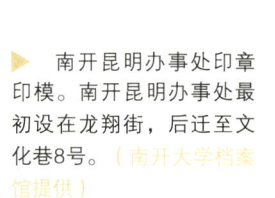

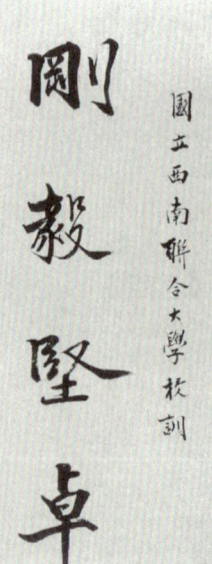

▶ 南开昆明办事处印章印模。南开昆明办事处最初设在龙翔街，后迁至文化巷8号。（南开大学档案馆提供）

◀ 遵教育部令，联大常委会于1938年10月6日决定成立以冯友兰为主席的编制校歌校训委员会，朱自清、罗常培、罗庸、闻一多为委员。10月30日，委员会提出以"刚健笃实"为联大校训。11月30日举行的联大第九十五次常委会经过讨论，决议以"刚毅坚卓"为联大校训。12月2日，向全校布告并上报教育部。（清华大学档案馆、北京大学校史馆提供）

第六章 落户昆明

▲ 为联大校歌作词的联大中文系罗庸教授。〔北京大学校史馆提供〕

▲ 张清常继为联大校歌谱曲后，1940年为联大附中校歌谱曲，1943年为联大附小校歌作词并谱曲。〔选自《国立西南联合大学成立65周年纪念特辑》〕

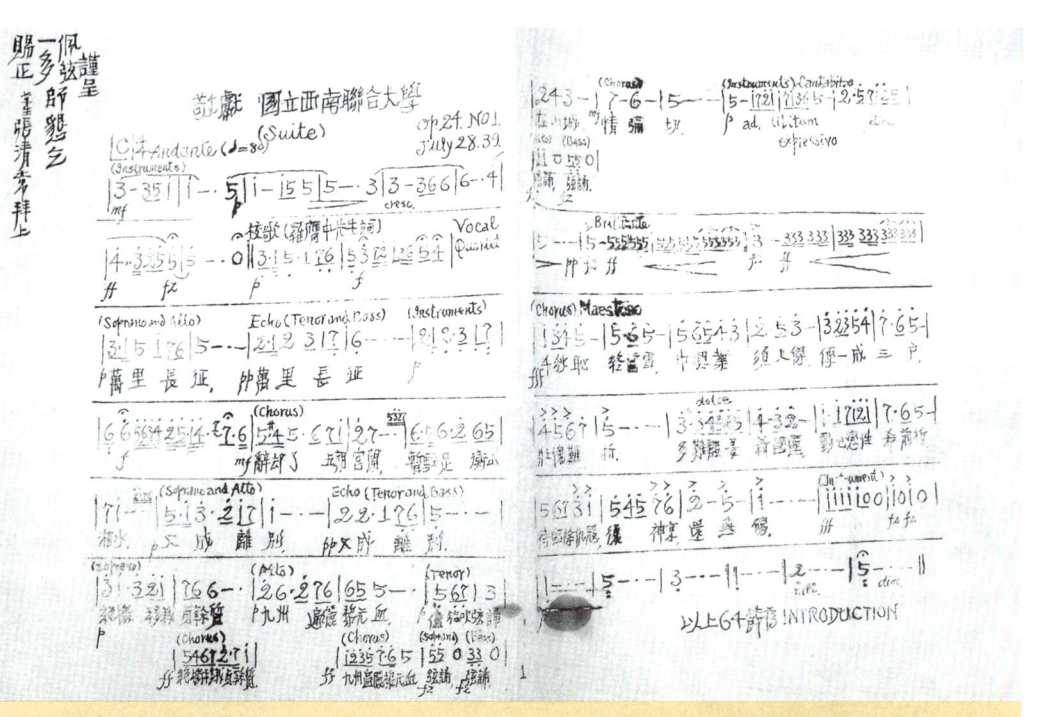

▲ 编制校歌校训委员会委员罗庸和冯友兰曾先后写出调寄《满江红》校歌歌词和新诗体校歌歌词，虽各有配曲，但终不能令人满意。朱自清便将两首歌词寄给时在迁徙至广西的浙江大学任教的清华研究生院毕业的张清常。张清常选择了罗庸的歌词谱曲。委员会经过反复讨论及试听，对歌词提出修改意见，于1939年6月30日决定将罗庸作词、张清常谱曲的校歌提交联大常委会。7月11日，校歌获常委会通过。之后，张清常将校歌扩展为《敬献国立西南联合大学》组曲，并寄请朱自清和闻一多"赐正"。此为组曲第一章即校歌部分手稿。〔清华大学档案馆提供〕

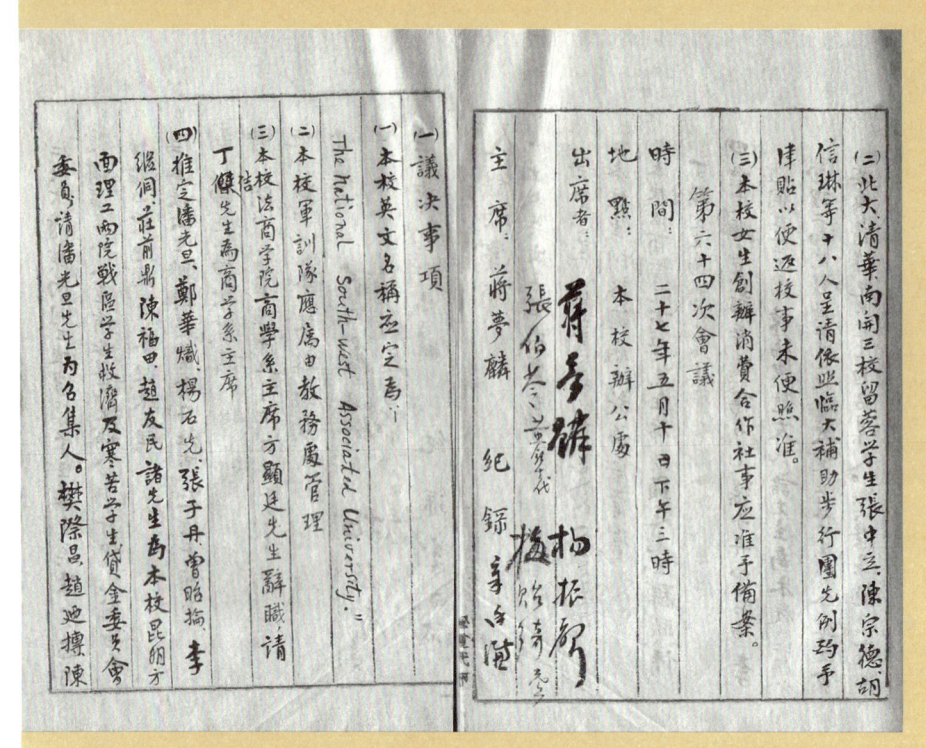

▲ 1938年5月10日，联大第六十四次常委会决定本校英文名称为：The National South-west Associated University。（北京大学档案馆提供）

◀ 为参加昆明市第一届运动大会，联大教授马约翰的夫人连夜制作了这面国立西南联合大学校旗。1996年，居住在美国的联大工学院航空工程学系1943届毕业生沈元寿将其带回中国，捐给母校。（北京大学校史馆提供）

▼ 西南联大教职员校徽。（罗荣俊提供）

◀ 西南联大学生校徽图案是第一届学生自治会经过广泛征求同学意见，并得到学校的同意于1939年上半年确定的，一直使用到联大结束。（北京大学校史馆提供）

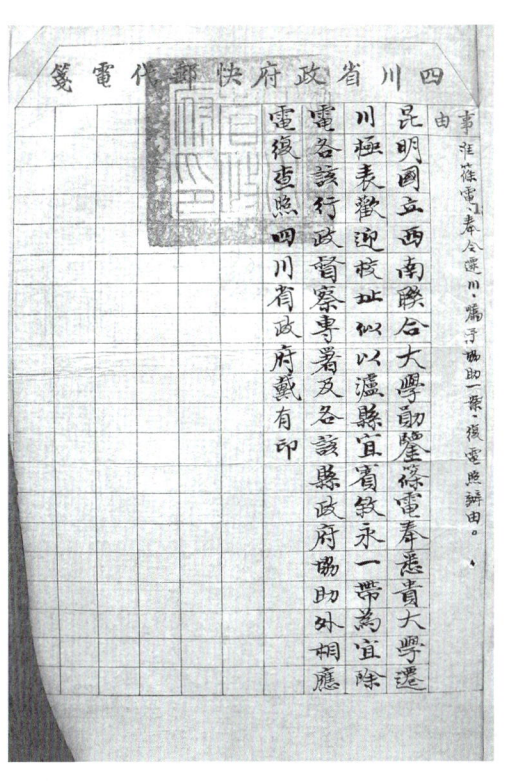

◀ 1940年10月，四川省政府致电西南联大，欢迎联大迁川，建议校址可选在泸县、宜宾、叙永一带，并令省内各相关政府部门予以协助。[清华大学档案馆提供]

▼ 西南联大蒙自分校印章印模。[清华大学档案馆提供]

▼ 蒙自海关，联大蒙自分校时用作教室，一年零三个月的租金仅为国币一元。[选自《西南联大在蒙自》]

第三章 落户昆明

第 6 章
刚毅坚卓

国立西南联合大学图史

第六章 刚毅坚卓

　　1938年9月初，日本飞机开始加紧对昆明的空袭，昆明笼罩在日本侵略者疯狂袭击的阴云之中。1941年前后，日本侵略者对昆明的空袭达到高潮，其中有几次明显是针对西南联大的。特别是在1940年10月与1941年8月的轰炸中，联大遭受了重大的损失。校常委会主席梅贻琦发布公告，对日本飞机袭炸非军事设施西南联大的暴行进行了有力的控诉："二十九年十月十三日，敌机袭击昆明，竟以联大与云大为目标，俯冲投弹……师范学院男生宿舍全毁，该院办公处与教员宿舍亦多震坏……环学校四周，落弹甚多，故损毁特巨。清华在西仓坡之办事处前后落两巨弹，玻窗、房顶有相当损坏。本校在办事处自建一个防空洞……全部震塌……有工友二人平日素忠职守，每逢警报声作，均不外出，愿留看守，是日匿避该防空洞，竟以身殉……"这段时间每逢空袭警报一响，联大师生都要跑到学校周围山上树林中、壕沟里去躲避空袭，上课时间不得不改动并缩短。因此频繁的"跑警报"便成了联大师生生活中一个组成部分，空袭时，有的带上两本书阅读、有的老师则与同学讨论问题……随着美国空军进驻昆明，日本的空袭威胁逐渐减弱，教学逐渐恢复正常。

　　联大校园建设一开始就遇上经费困难。经费的极度短缺，造成学校设施严重不足。学生们住的是草顶土墙的房子，而且往往是三四十人一间，十分拥挤。教室因用铁皮做顶，下雨的时候，雨点打在铁皮顶上，叮叮当当地响，教授们讲课要提高嗓门，高声喊才能压得过雨声和风声。一次，经济系教授陈岱孙先生上课，因下雨，学生根本听不到老师讲课声，陈教授便在黑板上写了"下课赏雨"四个字，让学生休息，等雨停了再接着讲。

　　抗战时昆明物价之高始终名列全国前茅，此期间师生们的生活日趋艰难。吃饭问题成了当时的一大难题，还经常有价无米。自1941年以后，特别是到了抗战的最后两年，昆明物价之高在大后方的主要城市中仅次于居首位的贵阳，较抗战前涨了300倍。学生相当多来自战区，断绝了经济来源只能靠少许的贷金度日，面对高昂的物价，学生们吃的是掺带了谷子、稗子、沙子的糙米饭（有人幽默地称其为吃"八宝饭"）和白水煮青菜。为了生存，学生纷纷在校外兼职打工，形式五花八门，有的到中、小学兼课或是当家庭教师，有的加入报童队伍在街上卖报，在报馆充当杂役，在金店里当师爷(今保安人员)，也有当电工、邮差、油漆工的，甚至连昆明每天鸣炮报时的活儿都被联大的学生包了。尽管在外兼职获取收入，但在外打工更多的是劳累与艰辛，几乎每位在外兼职打工的联大学子都能讲出饱含辛酸的故事。

教师们的生活条件也十分恶劣。恶性通货膨胀使教授们每月收入只相当于战前的几十分之一。不少教授连粗茶淡饭都难以为继，为养家糊口而奔波，只能到处兼课。闻一多这样的知名教授除了四处兼课外，还得为人治印换取润金维持全家生活。朱自清教授过冬天时连棉袍子都做不起一件，就买了件赶马人用的毡披风，出门时披在身上，睡觉时当褥子垫上，仍旧不断地教课、著书、写文章。他披着这种毡披风旁若无人地走在昆明大街上，一点儿不觉得寒酸。吴大猷教授常常穿补着大膏药一样补丁的裤子站在讲台上，仍然侃侃而谈。曾昭抡教授穿的是一双脚趾和脚跟部位都磨通的"空前绝后"的布鞋。迫于生计，很多教师只好把从平津仓促出逃时带出的书籍、衣物廉价出售，到最后连可卖的衣物都没有了。为了补贴家用，教授夫人也不得不想法子挣钱。有的制作童装，代织毛衣毛裤，有的在家里做起了刺绣活计，靠一针一线地挣点零钱。就连梅贻琦夫人也与其他教授夫人合做一种取名为"定胜糕"的米糕，到冠生园去寄卖，以补贴生计。

在昆明的教职员绝大部分租用民房，少量住昆华中学南北两院及农校，教职员散居于昆明各地，当时流传着一句话："昆明有多大，联大就有多大。"如总务长沈履住青莲街学士巷，陈岱孙住北门街，梅贻琦住花椒巷等。为躲避敌机轰炸，许多教授不得不迁到郊外农村居住，如昆明东北郊龙泉镇、西郊大普吉。闻一多曾住在龙泉镇司家营，沈从文住呈贡，华罗庚就曾住在农民的牛圈楼上……虽然住得分散，但教授们上课从不迟到，闻一多从龙泉镇步行20多里路来校上课，周培源是骑自养的马上课。住得最远的在50多里外的呈贡，到校讲课要坐小马车，有时步行，非常辛苦。遇到雨天，则泥泞路滑，赶到教室已是形如落汤。

面对如此困苦的局面，联大无论是老教授，还是中青年教师，都不失民族气节对抗战抱必胜的信心，朝夕系念着教学与科研，严谨治学，潜心钻研，著书立说，诲人不倦，为民族培养人才做着贡献。同学们安贫乐道，以天下为己任，读书不忘救国，救国不忘读书，意识到肩负的历史责任，形成了刚毅坚卓、刻苦钻研、团结互助、勤奋学习的优良风气。每天学生们黑压压一大片挤在图书馆门口等着开馆，为了寻找看书学习的地方，学校周围的茶馆成为他们的好去处。学生"泡茶馆"成为联大的一大特色，在茶馆大家看书、做习题、写读书报告甚至论文等。

尽管条件异常艰苦，但西南联大学生文艺社团多如繁星，这些漂泊他乡的学子们通过社团这一群体组织方式，活跃校园生活，宣传抗日救亡，开展民主运动。西南联大先后出现的文化社团主要有：联大歌咏团、南湖诗社、冬青文艺社、文艺社、新诗社、耕耘社、文聚社、布谷社、剧艺社、阳光美术社、高声唱歌咏队等等。这些社团聚集了一大批才华横溢的学子，他们在校园里吟咏，将满腹的才情和忧愤注于笔端，谱写出了一段沉重而华美的乐章。联大的文学艺术活动十分活跃，联大歌咏团参加了昆明广播电台成立庆祝演出，他们的歌声随着电波传遍四方。

联大剧团、戏剧社先后排演了鲁迅的《阿Q正传》、曹禺的《日出》等。联大学生剧团成员才情兼备，素养很高，又有学校内外的名师指点，演出达到较高的水准。有的剧目还拿到社会上进行公演，引起轰动。他们的活动不仅给联大校园生活增添了不少色彩，而且也极大地活跃了昆明的文化生活。

▲ 昆华农校——1938~1939年联大理学院所在地。闻一多、朱自清等曾在三层教室讲授大一国文。一层教室则有钱钟书讲授英文，听讲者中有杨振宁等。〔许渊冲提供〕

▼ 位于拓东路的迤西会馆、江西会馆及全蜀会馆为联大工学院所在地。〔夏汝钧提供〕

▼ 昆华中学。〔选自《西南联合大学纪念册》〕

第六章 刚毅坚卓

▲ 昆华工校。（北京大学校史馆提供）

▲ 昆华师范学校，当时作为联大学生及教职员的宿舍，图为南院的女生宿舍。（西南联大北京校友会提供）

▲ 1939年联大新校舍建成。图为图书馆，馆前草坪即著名的民主草坪（又称民主广场），各种集会常于此召开。（夏汝钧提供）

◀ 工学院学生食堂。〔选自《西南联合大学纪念册》〕

▶ 1939年建成的新教室为铁皮屋顶。〔麦汝钧提供〕

▼ 1944年，学校财政困难，不得不将铁皮顶卖掉换成茅草顶。〔北京大学校史馆提供〕

第六章 刚毅坚卓

▲ 图书馆内用废汽油桶木箱叠架起来的书架。（北京大学校史馆提供）

▼ 半截钢轨当校钟，鸣轨为号。（张友仁提供）

▼ 学生新宿舍为茅草顶、栅栏窗。（夏汝钧、张友仁提供）

▶ 联大南院女生宿舍，一间宿舍住几十人。（北京大学校史馆提供）

▲ 西仓坡20号西南联大教职员宿舍，闻一多从1945年1月至被刺逝世，一直住在这里。（选自《诗人 学者 民主斗士——闻一多》）

◀ 学生宿舍外的水井是大家的盥洗处。（北京大学校史馆提供）

▶ 昆明东北郊司家营的民房。昆明东北郊麦地村、司家营、龙头村，西郊陈家营、大河埂村等地都曾有联大教授居住。闻一多住在龙头村，每天步行20多里到校上课，返回时其夫人必带孩子们在半路上迎接一同回家，正是夫妻恩爱苦也甜。（选自《西南联合大学纪念册》）

第6章 刚毅坚卓

▲ 昆明东北郊麦地村的民房。（选自《西南联合大学纪念册》）

▲ 昆明西郊大河埂村的民房。（选自《西南联合大学纪念册》）

▶ 周培源从西郊山邑村住所骑自养的枣红马前往联大上课，成为联大一景，曾被系主任饶毓泰戏称为"周将军"。（选自《周培源文集》）

◀ 1938年华罗庚和家人在住宅前的合影。（北京大学校史馆提供）

▲ 昆明西郊陈家营的民房。（选自《西南联合大学纪念册》）

◀ 1942年杨振宁（后排右一）与弟妹在昆明北郊龙院村宅院门前合影。（选自《抗战时期文化名人在昆明·一》）

▲ 王竹溪一家在昆明住所的合影。（北京大学校史馆提供）

▲ 空袭警报响，会议开不成。（叶企孙日记）（北京大学校史馆提供）

▼ 物价飞涨千百倍（叶企孙日记）。（北京大学校史馆提供）

闻一多教授金石润例（蒋梦麟等拟）。（浦汉明提供）

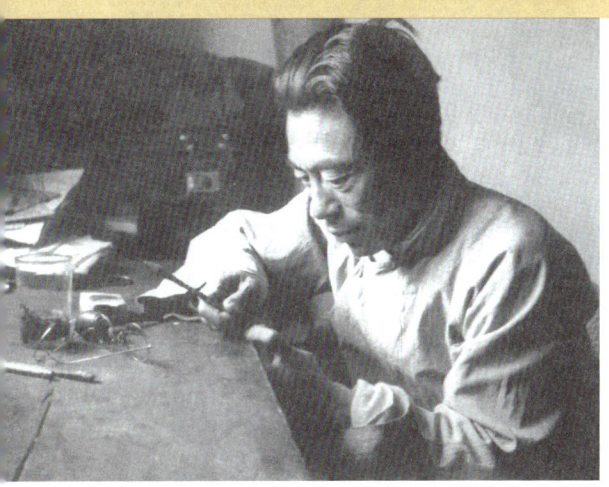

▲ 教授夫人们做手帕、手袋和绣品等出售来补贴生计。
（芮沐、周佩仪、袁刚提供）

▶ 1941年秋，黄子卿教授为了治病不得不变卖书籍和衣服去购买药品，痊愈后作诗一首表达当时的感受。
（北京大学档案馆提供）

▲ 抗战中后期，物价暴涨，因全家处在断炊威胁中，闻一多不得已挂牌治印。
（选自《诗人 学者 民主斗士——闻一多》）

▶ 常委会第九十一次会议决定设立防空委员会。
（北京大学档案馆提供）

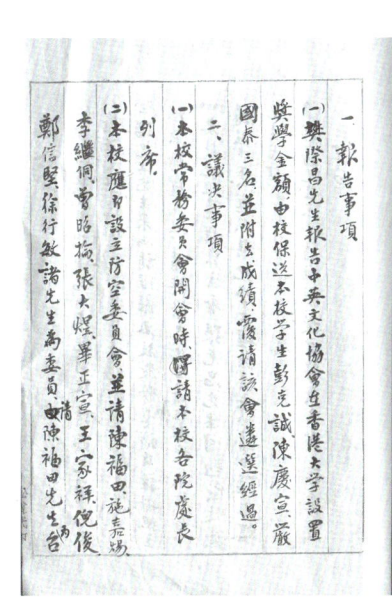

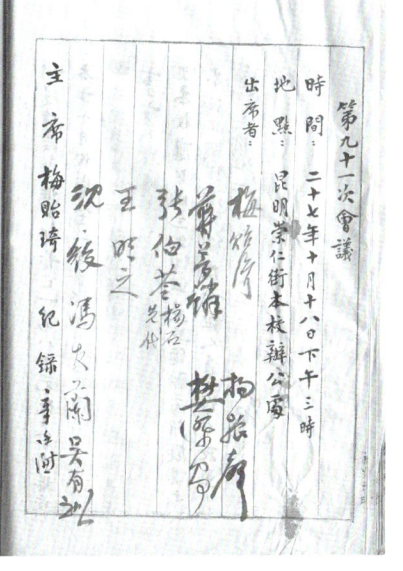

三十年秋瘧疾纏綿賣裘書以購藥經年乃痊追憶往事不禁愴然
飯甑凝塵腹半虛維摩病榻擁慈居草堂詩
好難驅瘧既典裘又典書

▲ 1941年昆明报刊对联大校舍被炸做了报道："昨敌轰炸机二十七架袭昆，对我最高学府国立西南联合大学，做有计划之轰炸，以图达到其摧残我教育与文化事业之目的……新舍男生宿舍第1、2、28、32等号被毁……师院女生宿舍第2号……男生宿舍第1、2号，教职员宿舍被毁……第7、8教室被毁。南区生物实验室一栋全毁，内有仪器多件，图书库被毁……其余，常委会办公室、出纳组、事务组、训导处、总务处均被夷为平地。"面对日寇的残暴，师生对敌人的仇恨在增加，更加发奋图强。（北京大学校史馆提供）

◀ 被炸断的房梁一截直插在蒋梦麟常委的办公桌上。〔北京大学校史馆提供〕

第六章 刚毅坚卓

▼ 1939年8月16日联大与云南戏剧界联合公演《原野》，作者曹禺（前左五）亲任导演，闻一多（前左四）负责舞台设计。图为与曹禺饯别时全体演职员的合影。〔选自《诗人　学者　民主斗士——闻一多》〕

▶ 1940年8月31日昆明广播电台成立，联大歌咏团应邀参加音乐会，演唱《黄河大合唱》、《游击队歌》等抗日歌曲。联大歌咏团女声部高、中音各7人，男声部高、低音各14人参加这次盛会，首次有钢琴伴奏，并且也是联大同学的歌声首次通过电波传向四方。演出结束后合影留念。〔西南联大北京校友会提供〕

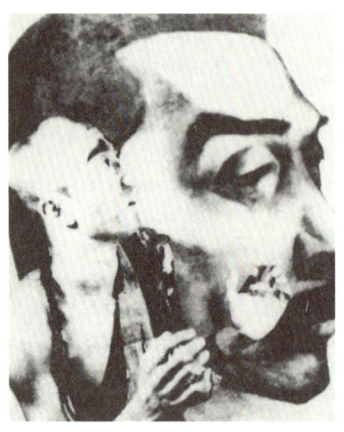

▲ 《阿Q正传》的演出海报。
(选自《西南联合大学纪念册》)

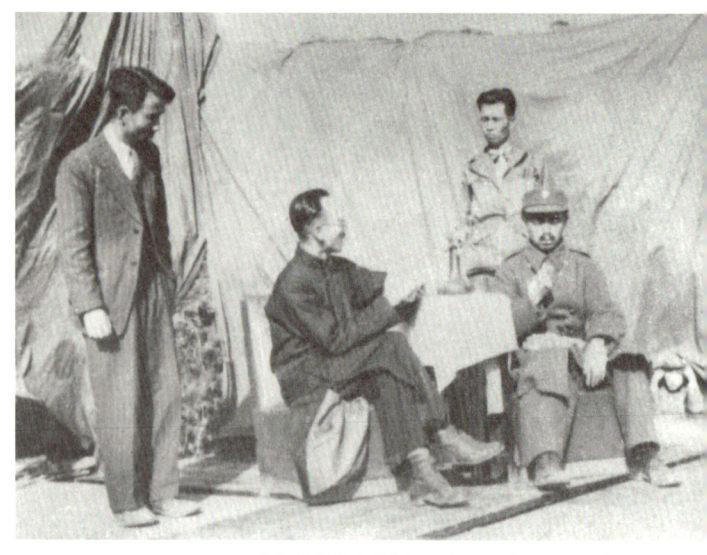

▲ 《审判前夕》剧照。(严宝瑜、吴琼瑁提供)

◀ 剧艺社社徽。(北京大学校史馆提供)

▼ 西南联大高声唱歌咏队部分成员。(自左至右)第一排：黎章民(高声唱歌咏队队长)、严宝瑜；第二排：程传珊、黄有梅、林莲凤、马如瑛、吴琼瑁、刘晶雯、梁志英；第三排：王卓如、游继善、？、朱谷怀、尚嘉祺、黄培正、张天珉、胡积善(方堃)。(刘晶雯提供)

▲ 1945年，联大剧艺社在昆明龙云公馆演出以反战为主题的广场剧《凯旋》后，全体演职员合影。1945年至1947年间，该剧曾在昆明等多个城市演出，仅昆明、北平就演出40多场，观众反响强烈。照片自左至右，前排：王松声、王恳、汪兆悌、胡小吉、丛硕文、聂运华、汪仁霖、郭良夫、李贤能；后排：李志的、温功智、程远洛、童璞、吴学淑、刘海梁、杨凤仪、伍骅、张天珉、江景彬。（迁仁霖提供）

▼ 国立西南联合大学校刊。

▲ 西南联大学生社团办的部分刊物。于1940年初成立的冬青文艺社是联大文艺社团中历史久、影响大的一个，聘请闻一多、冯承植、卞之琳等为导师。《冬青》壁报专门刊登杂文，一事一议，很受读者欢迎。

第 7 章
名师荟萃

国立西南联合大学图史

北京大学、清华大学、南开大学本已各自聚集了一批名教授，办学成就卓著，声名播于海内外。由三校组成之国立西南联合大学，自然是名师荟萃，学者云集，再有其他大学及学术机关名家和国外回来的新秀的加盟，西南联大的教师阵容之强大，不仅在国内首屈一指，即在世界各大学中亦属罕见。人们耳熟能详的大师有：刘文典、杨振声、刘泽荣、吴宓、朱光潜、朱自清、罗常培、闻一多、游国恩、罗庸、王力、唐兰、魏建功、沈从文、叶公超、浦江清、冯至、闻家驷、钱钟书、陈寅恪、汤用彤、姚从吾、金岳霖、冯友兰、钱穆、冯文潜、傅斯年、刘崇鋐、容肇祖、郑天挺、向达、雷海宗、贺麟、吴晗、毛准、姜立夫、杨武之、申又枨、江泽涵、赵访熊、许宝騄、华罗庚、陈省身、刘晋年、饶毓泰、吴有训、叶企孙、朱物华、赵忠尧、周培源、吴大猷、张文裕、王竹溪、郑华炽、余瑞璜、霍秉权、孟昭英、马仕俊、张子高、杨石先、曾昭抡、黄子卿、张青莲、钱思亮、孙承谔、高崇熙、朱汝华、陈桢、张景钺、戴芳澜、李继侗、汤佩松、殷宏章、俞大绂、赵以炳、沈同、王烈、杨钟健、孙云铸、袁复礼、冯景兰、赵九章、李宪之、张奚若、周炳琳、赵迺抟、钱端升、陈岱孙、徐毓枏、丁佶、戴修瓒、燕树棠、蔡枢衡、陈达、吴泽霖、潘光旦、萧公权、费孝通、刘仙洲、蔡方荫、施嘉炀、庄前鼎、陶葆楷、李辑祥、顾毓琇、任之恭、章名涛、马大猷、孟广喆、赵友民、倪俊、冯桂连、王德荣、张克忠、张大煜、苏国桢、谢明山、陈序经、方显廷、查良钊、黄钰生、蔡维藩、许浈阳、邱椿、陈雪屏、陈友松、罗廷光、田培林等等。他们或是通古今兼中西的学问大家，或是站在世界学术前沿的年轻才俊，其中不少是中国现代各学科的开创者、奠基人。"善之本在教，教之本在师。"师资条件具备，名师出高徒指日可待。

学问大家都了解学术环境的重要。教育家蔡元培先生认为："学院自由正是学术进步之基础也。"吴大猷先生说："我以为一个优良的大学，其必需条件之一，自然系优良的学者教师，但更高一层的理想，是能予有才能的人以适宜的学术环境，使其发展他的才能。"（《张伯苓与南开大学》117页）西南联大继承发展了三校的学术民主、思想自由、兼容并包、通才教育的办学理念，造成了人人勇于探索，才能得以发展的学术环境。这"更高一层的理想"境界，有效地调动了教授们的积极性：他们不仅争取多开选修课，而且为教好课努力研究，联大教师大都做到了教学科研双优。例如物理学家吴大猷的学生中有两位诺贝尔奖获得者和多位院士，而他的《多原子分子的振动光谱及结构》不仅获1942年度教育部一等奖，而且得到同行专家的普遍赞誉，并在相当长的时间内为该领域被广泛使用的专著。中文系教授罗庸先生不仅在联大任课，还在云南大学、中法大学以及中学任课，并编著讲义多种（见本书照片），均有深远影响。一门功课由不同的教授开课，学生可以从比较中各得其宜，如"魏晋南北朝史"（孙毓棠、陈寅恪）、"音韵学概要"（魏建功、罗常培、邢庆兰）等等均由多名教师开课。

"业精于勤，荒于嬉；行成于思，毁于随。"联大教师普遍勤奋敬业。当时因住房困难，再加上躲避空袭，周培源、吴大猷、沈从文等许多教授住在远离学校的昆明郊区，他们或搭乘马车或骑马或步行，准时赶到学校上课。宁可每日往返数十里，辛苦数小时，也不采取合并数节课连续上的方式讲授，即使一门三学分的课程，也必每周三次到校讲课，并认为这是理所当然的。甚至有的教师在途中受伤了也不缺课。他们这样做为的是教学效果好，使学生便于掌握，能真正学有所得。教师们这种强烈的敬业精神，深为同学敬佩和感动，不由不努力学习。

联大教师风格不同，各有专长，各有千秋，但也有共同之处，即不断加入新的研究成果，丰富新知。因此张奚若、郑天挺等不少教授讲课只带一些卡片而不用讲义，为的是自我督促，随时加入新的撤去旧的，并减少学生的依赖性。即使用讲义，讲义的空白处也满是批改添加的各色笔迹或粘加的小纸条。钱穆先生曾与讲课极富感染力的吴宓教授同居一室，钱亲见吴"为预备明日上课抄笔记写纲要，逐条书之，又有合并，有增加，写成则于逐条下加以红笔勾勒。雨生（吴宓）在清华教书至少已逾十年，在此流寓中上课，其严谨不苟有如此。翌晨……在室外晨曦微露中，出昨夜所写各条，反复循诵……"（《西南联大北京校友会简讯》第20期6页）有这样尽心尽力的教师，联大毕业生中人才众多，也就是自然而然的了。

教师备课认真，批改作业一丝不苟，对学生要求极严。联大规定，所有课程不及格不能补考，必须重修。由于物资缺乏，条件艰难，为了节省实验设备及用品，所开实验都是经过严格筛选必不可少的，学生须预先详细拟出实验步骤送审，一次不行打回重写，直到老师认可方准动手做实验。实验做了，如果测量数据达不到要求精度，教师拒绝签字，就必须重做……在这艰苦、"苛刻"的环境里，学生们都能自觉地执行这严格的程序，因为他们都在用上前线打仗的劲头读书。这样逼出来的硬功夫及练就的严谨学风，使师生们终身受益。学校实验条件有限，师生还利用一切可能的机会或下厂参观实习，或课外考察采集，因为他们知道"纸上得来终觉浅，绝知此事要躬行"。

了解了这些，我们也许就能明白为什么在中央研究院、中国科学院、中国工程院的院士中，有那么多联大师生的名字。

由于居住条件困难，有一段时间，闻一多教授、华罗庚教授不得不两家共用一间大屋，中间用布帘相隔，"布东考古布西算"。然而他们"专业不同心同仇",为了抗日救国的大目标,全身心地投入教学和研究,为着"驱逐仇寇复神京"后的中兴建国而努力培植和积蓄力量。这样的居住条件,倒便利了不同学科的相互促进,相互启发,互相交流。算学系教授华罗庚、陈省身与物理系教授王竹溪联合举办了当时走在数学前沿的李群讨论班;生物学家汤佩松与物理学家王竹溪合作完成了《离体活细胞水分关系的热力学论述》,并发表在美国的《物理化学》杂志上,成为该领域的开创性成果;而王竹溪于1988年独自一人编成并出版了《新部首大字典》,与他当年听中文系教授唐兰的说文解字课不无关系。

因为偏居祖国西南边陲,交通不便,物资匮乏,联大更重视与外界的交流联系。联大不仅努力吸纳新返国的年轻教授,如张青莲、陈省身、华罗庚、王竹溪等,他们带来了国外科学的前沿信息;同时力争使用世界先进水平的教材,如1942级学生仇永炎读过的新版《ELEMENTS OF THE DIFFERENTIAL AND INTEGRAL CALCULUS》,江泽涵教授使用W.Hurewicz和W.Wallman合著的《DIMENSION THEORY》则是1941年美国普林斯顿大学出版社出版不久的。该书由当时任驻美大使原北大教授胡适购买寄来。为减轻重量,省几个邮资,精装硬书皮被撕去了,江泽涵收到的是完整的书瓤,照片中的硬皮是江先生后加的。由于新资料得来不易,江先生与其他教师组织讨论班共同学习研讨此书。

联大保持了原三校的学术休假制度,常有教师赴欧美考察、研修、讲学,如罗常培、周培源、陈省身、孟昭英等。同时也欢迎国外学者、友好人士来联大参观访问,进行交流,如英国生物学家李约瑟,英国地理学家Roxby,美国耶鲁大学图书馆主任Knollenbery,美国副总统华莱士等都曾到校访问交流。

联大教师坚信"千秋耻,终当雪",期待"驱逐仇寇复神京",重建祖国大好河山。他们知道"中兴业,须人杰",而"致天下之治者在人才,成天下之才者在教化",更明白自己的责任,所以勤奋敬业,努力探索,严格要求,倾其所学,不遗余力地培育后学,并不断提高自身的学养。

他们是我们学习的榜样!

姜立夫　许宝騄　陈省身　华罗庚　吴大猷
吴有训　叶企孙　赵忠尧　饶毓泰　曾昭抡
杨钟健　陈　桢　殷宏章　张景钺　戴芳澜
汤佩松　俞大绂　金岳霖　汤用彤　冯友兰

▲ 陈寅恪　傅斯年　钱端升　萧公权　陈　达
　王竹溪　江泽涵　余瑞璜　周培源　段学复
　张青莲　黄子卿　杨石先　葛庭燧　吴征镒
　李继侗　孙云铸　赵九章　刘崇乐　朱物华

▲ 吴学蔺　孟昭英　马大猷　张大煜　章名涛
　刘仙洲　蔡方荫　王　力　向　达　吴　晗
　冯　至　魏建功　罗常培　张文裕　冯景兰
（北京大学校史馆提供）

▲ 哲学系、物理学系学程表。〔北京大学档案馆提供〕

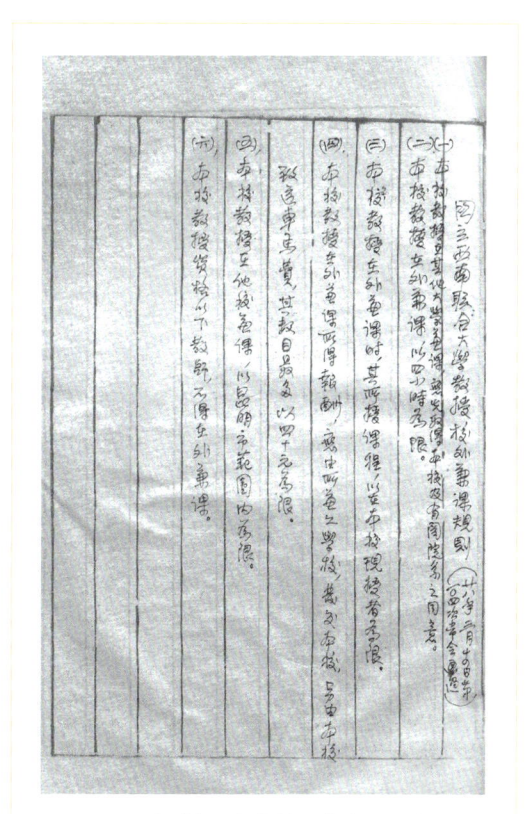

▲ 国立西南联合大学教授校外兼课规则。〔北京大学档案馆提供〕

▲ 国立西南联合大学机械系实习厂组织及管理简章。〔北京大学档案馆提供〕

▲ 1944年西南联大招考新生、研究生、转学生简章。（清华大学档案馆提供）

▼ 1945年度黄熊的入学证。〔郑晏提供〕

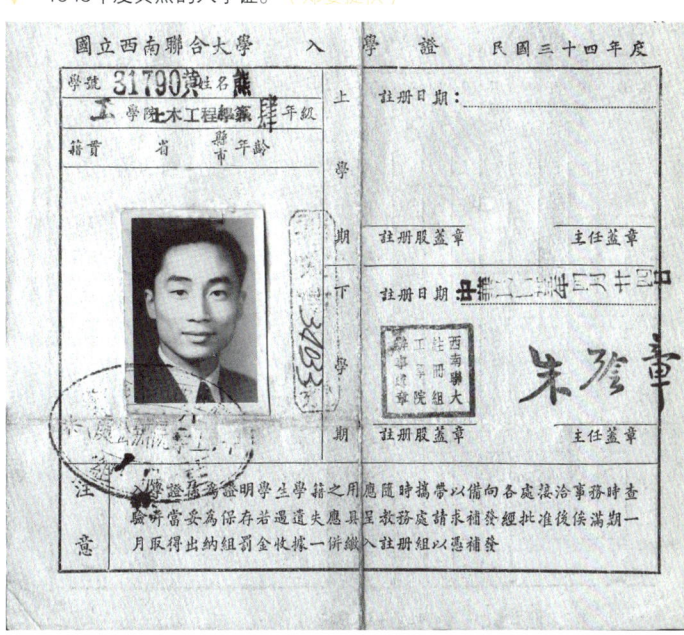

▲ 国立西南联合大学教务通则。〔北京大学档案馆提供〕

▼ 杨振宁的履历卡。〔北京大学校史馆提供〕

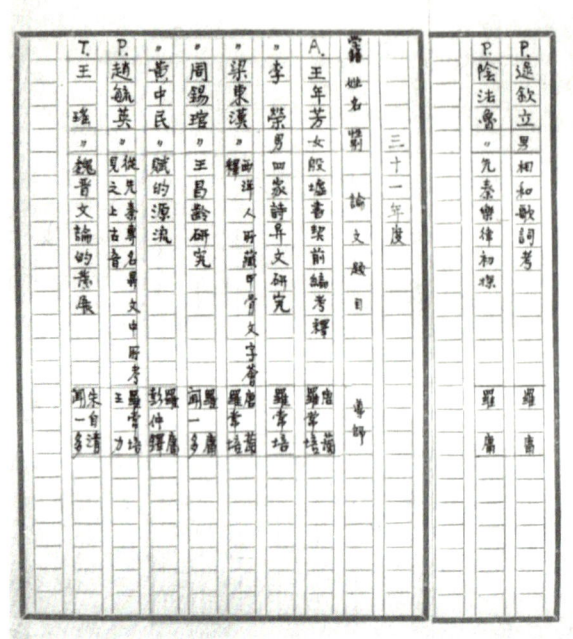

▲ 中国文学系历届毕业学生论文题目及导师。（北京大学校史馆提供）

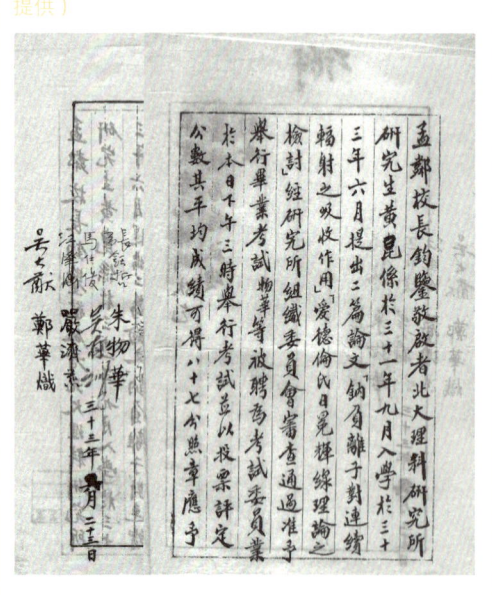

▼ 考委会报告黄昆考试情况。（北京大学档案馆提供）

▼ 1944年房季娴的毕业证明书。（房季娴提供）

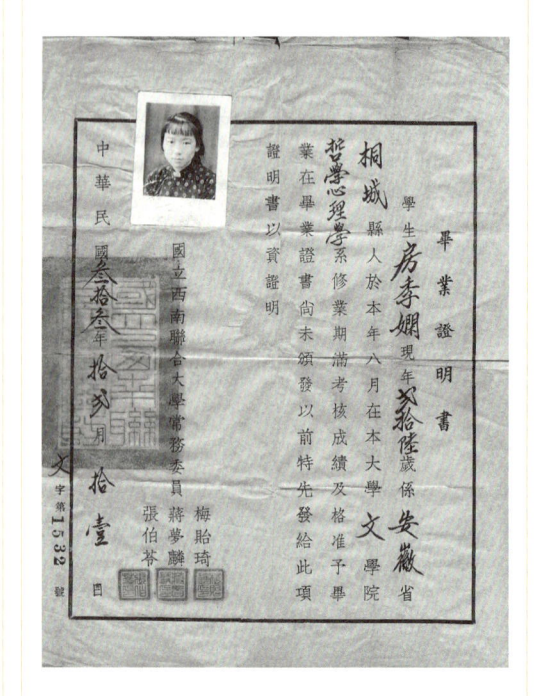

第七章 名师荟萃

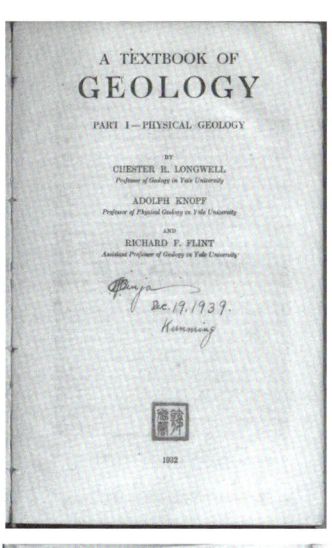

▲ 1938级地质地理气象学系学生韩德馨用过的教学用书。【韩震提供】

▲ 1942级学生仇永炎读过的教学参考书。【仇永炎提供】

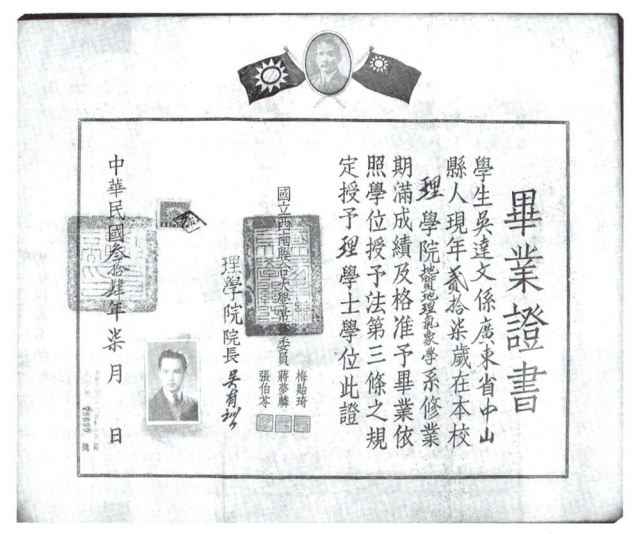

▲ 吴达文的毕业证书。【吴达文提供】

▲ 江泽涵教学用书之一W. Hurewicz 和 W. Wallman 著《维数论》。1941年出版不久，由时任驻美大使的原北京大学教授胡适购买并航寄联大。为减轻重量，省几个邮资，将原装硬书皮撕去了，江泽涵收到的只是书瓤，后自己配一硬书皮。由于新资料来之不易，江先生与有关师生共同研习此书，发挥其应有的作用。【江丕栋提供】

▼ 周培源讲授《理论力学》时发给同学的讲义。这部油印讲义，其中有周先生亲自刻写的部分章节。【王式中提供】

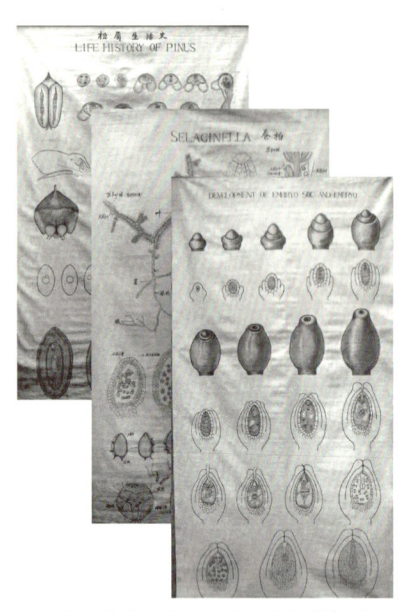

▲ 张景钺指导李正理先生绘制的教学用挂图。绘制的挂图十分精美，无异于印刷品。（李正理提供）

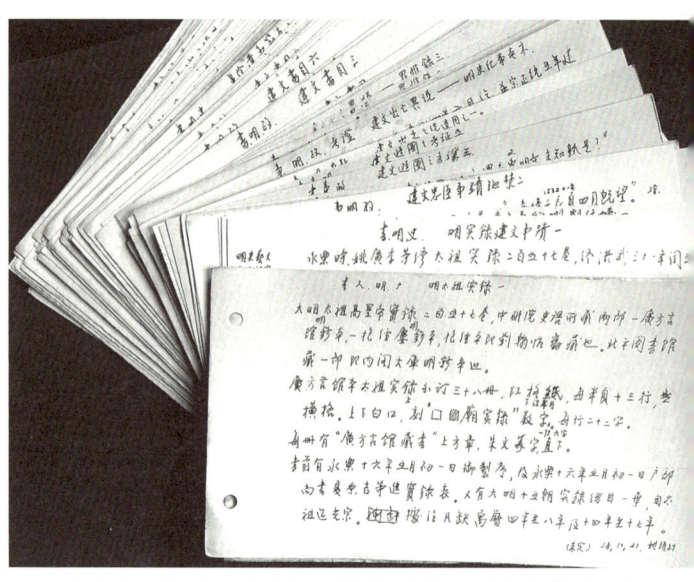

▲ 郑天挺讲课用卡片。在联大，张奚若、潘光旦、郑天挺等先生讲课所带为一纸提纲和一摞卡片，提纲是思路，引证用卡片。郑先生功课勤谨，有"史料派"之称。每发一论，必证据充分。如为论证巴图鲁勇号清字、汉字无轩轾，他多次翻阅《清史稿》，竟找出157条例证。（郑克晟提供）

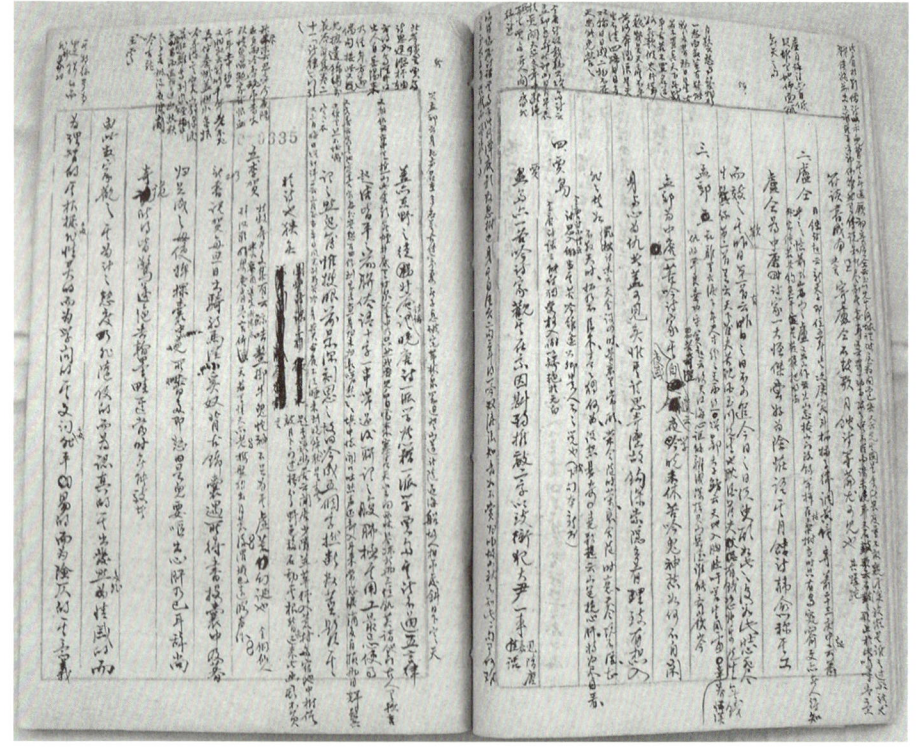

▲ 游国恩的讲义。（游宝谅提供）　　▶ 罗常培的讲义。（罗丰仪提供）

▲ 浦江清的讲义。（浦汉明提供）

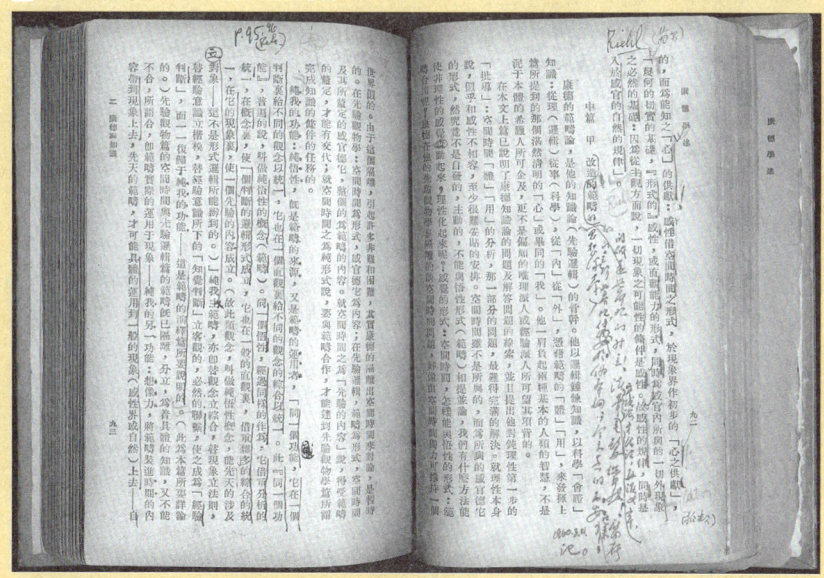

▲ 郑昕讲课用自著《康德学述》内页。（房季娴提供）

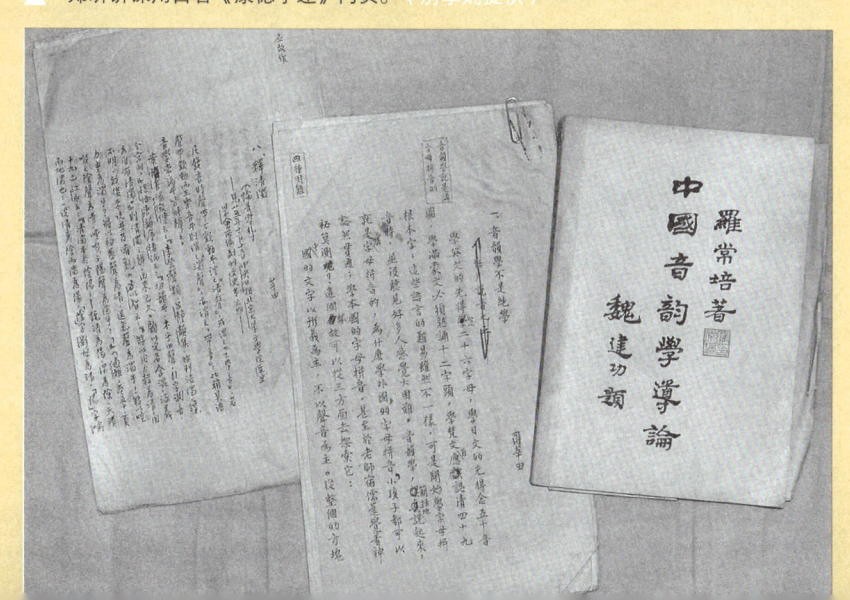

第 7 章 名师荟萃

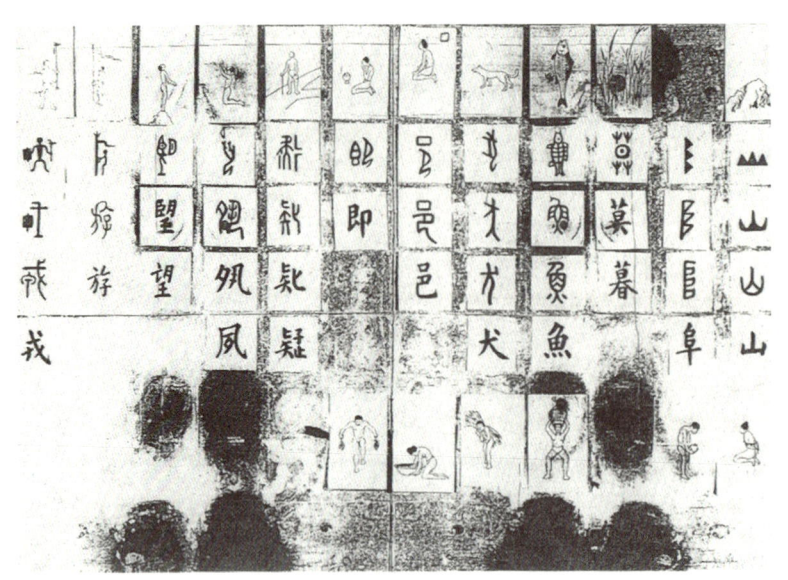

▲ 闻一多教案一页（文字变迁示意图）。闻一多曾赴美学习美术，因此他讲课多是图文并茂。在联大他讲过诗经、楚辞、尔雅、周易等十来门课程。他讲课口讲指画，有声有色，文采飞扬，引人入胜。学生在听课也是在享受思想美、逻辑美、才华美。（选自《诗人 学者 民主斗士——闻一多》）

文學與人生

教授 吳宓

須修全年四學分，全校各系四年級選修。每星期三小时

【注意】 本學程■研究人生與文學之精義及二者間之關係，以詩與哲理二方面為主，並討論政治道德藝術宗教中之重要問題。

凡選修本學程之學生皆應參加課堂中之討論，而須先資教授指定之中西文學名著若干篇，以為討論之根據，其中有文有詩，或為哲理及文藝批評要之，每篇皆須精細研讀。

此外凡就本學程拟作畢業論文或研究論文之學生每人皆應頌教授為該生特開之書籍單，積個人文學研究及生活經驗之所得，而於一年中撰成論文一篇。

▲ 1945年寒假土木工程系学生在昆明大观楼做水文测量实习时合影。〔施熙灿提供〕

◀ 吴宓：《文学与人生》。外貌严肃古板，内心热情浪漫的吴宓先生在联大讲授过"中西诗之比较"、"翻译"、"文学与人生"等课程。他主张学好外文同时必须学好中文，否则无法沟通中西文化。"文学与人生"融会古今中外知识，对人生的意义、文人道德、文学本质、艺术创作规律等提出新见解，认为最佳文学作品有人生最大量的、最有意义的、最有兴趣的部分，并得到最完美的艺术处理。因此能给人一个真与美的动人而强烈的印象。读者可以从中受到启迪、教益，并得到乐趣。〔选自《西南联大的斯芬克斯之谜》〕

▲ 罗庸先生讲义。〔李志刚提供〕

▲ 1945年春董申保等教师带领地质气象系学生野外实习出发时,部分师生在校门口合影。从左至右前排李永昇(2);后排董申保(2)、王大纯(4)、陈光远(6)、池际尚(7)。〔许冀闽提供〕

▲ 1945年经济系学生在澄江参观并做农村经济调查。〔张友仁提供〕

▼ 1945年地质气象系学生在昆明金马山测量实习。〔刘元鹤提供〕

▲ 测量实习记录簿内页。

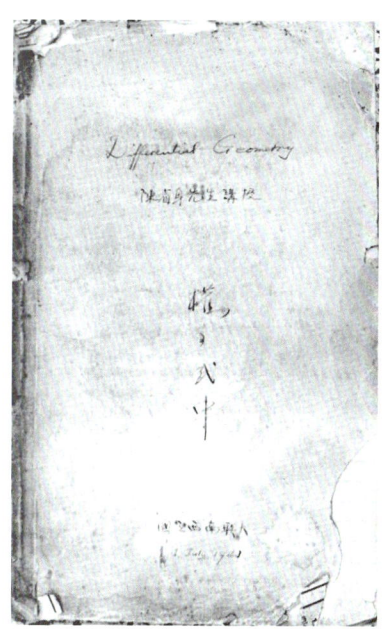

▲ 陈省身所讲授的《微分几何》课的学生笔记。

◀ 生物系师生乘船去昆明西山采集标本。

第 7 章　名师荟萃

▲ 曾昭抡（后排左四）率化学系学生到工厂考察。〔北京大学档案馆提供〕

▼ 罗庸批改的学生作业。〔北京大学档案馆提供〕

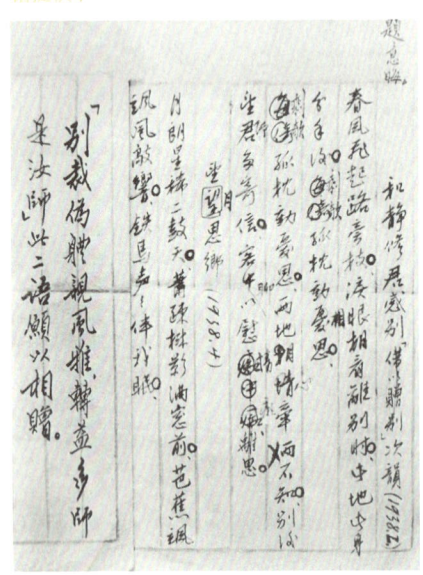

▼ 曾昭抡率学生在云南钢厂考察实习。〔北京大学档案馆提供〕

▲ 设在昆华农业学校的化学实验室。（北京大学校史馆提供）

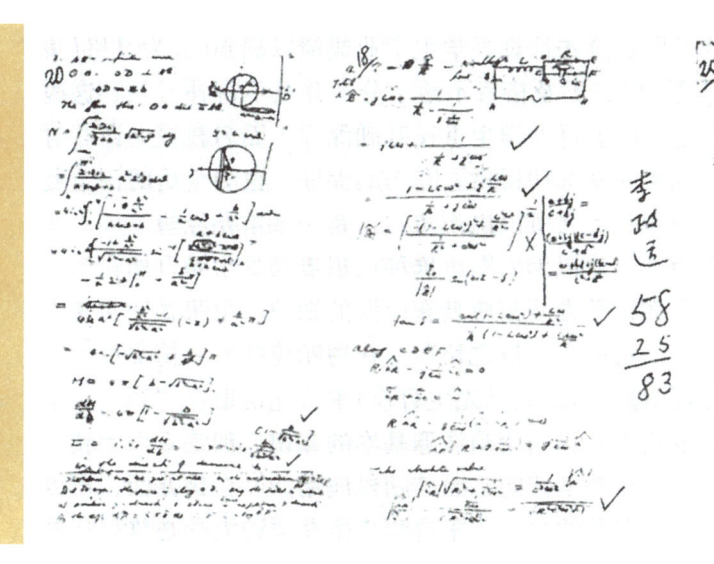

◀ 李政道的电磁学考卷。（选自《西南联大的斯芬克斯之谜》）

▼ 1942年社会学系试卷。（潘乃穆提供）

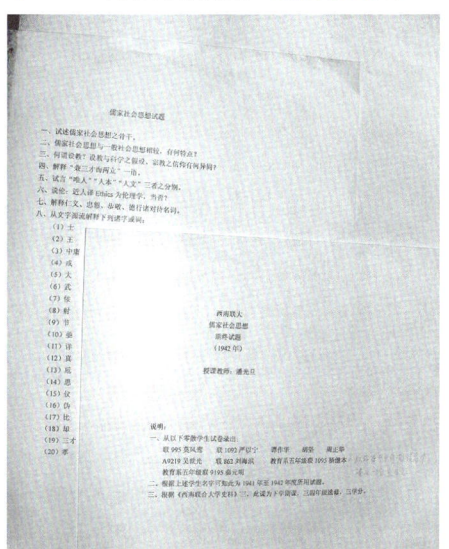

▲ 生物学系生理实验室内景。（选自《国立西南联合大学校史》）

第 7 章　名师荟萃

▲ 新建理科实验室外搭建的高架为供实验用之"水塔"。〔北京大学校史馆提供〕

▼ 航空系教学设备之一：小型开路式风洞。
〔联大北京校友会提供〕

▼ 联大金工工场。〔北京大学校史馆提供〕

▲ 1944年秋,送中文系系主任罗常培赴美讲学。从左至右:朱自清、罗庸、罗常培、闻一多、王力。(刘晶雯提供)

▼ 1944年6月25日美国副总统华莱士来校参观。(选自《图说老清华》)

▲ 罗常培录杜甫诗。(选自《西南联合大学纪念册》)

剑外忽传收蓟北，初闻涕泪满衣裳。却看妻子愁何在，漫卷诗书喜欲狂。白日放歌须纵酒，青春作伴好还乡。即从巴峡穿巫峡，便下襄阳向洛阳。

三十三年十一月五日恬厂罗常培

▲ 杨石先墨迹。(选自《西南联合大学纪念册》)

青松在东园，众卉没其姿。凝霜殄异类，卓然见高枝。

联大信学舍嘱 杨石先

▲ 杨振声墨迹。(选自《西南联合大学纪念册》)

▲ 蒋梦麟题词。(选自《西南联合大学纪念册》)

第 7 章 名师荟萃

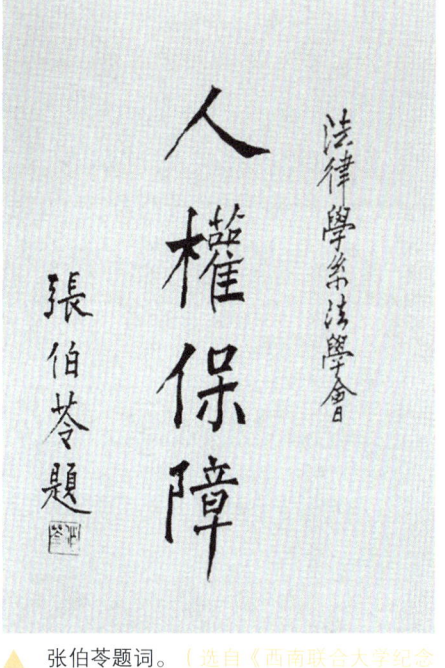

▲ 梅贻琦题词。（选自《西南联合大学纪念册》）

用宏法学

国立西南联合大学法律学系同学录

梅贻琦题

▲ 张伯苓题词。（选自《西南联合大学纪念册》）

人權保障

法律學系法學會

張伯苓題

▼ 查良钊题词。（北京大学校史馆提供）

民主自由要以法治精神為基礎法治精神正待諸君未來發揚

題贈

聯大法律系同學錄

查良釗

▼ 周炳琳题词。（北京大学校史馆提供）

為改法律系同學信目孕鎬補白

在中國現狀之下不在任何時都是如此，我們要以法律教育促進社會進步真切实注意進。對舊有的一點不免棄西「敝帚自珍」最足為前進之阻乃至適合國情一類口頭語亦少切談亦是。要卷心去研究西洋的東西工具不夠用時努力求獲得之。願共勉之。

周炳琳

第 8 章

以笔为缨

1937年7月7日，日军在卢沟桥发动侵略战争以后，全国很快进入全面抗战时期。战时与和平时期大不相同，教育界一部分人士主张改变教育体制，高中以上的学校与战争无关者予以改组或停办，以适应抗战形势，鼓励员生应征参战，保卫国家。但更多的人认为我国大学生只占总人口的万分之一，本已很少，为抗战建国之计，原有教育必须维持，否则后果堪忧。而我国人口众多，不缺兵源，尚无立即征调大学生上前线之必要。因此应以"战时须作平时看"为方针办理。大学教育仍以"为研究高深学术培养能治学、治事、治人、创业之通才与专才"（《第二次中国教育年鉴》8～10页）为目标。

　　大学历来作为新学理、新思想的发源地和文化知识的创新者与传播者，对国家民族的发展和繁荣、对民族精神的传承做出贡献，因而为社会所倚重。大学对国家、社会的责任主要在于培养人才，传承和发扬民族精神以及学术上的创新与发展。"五四"运动的激烈形式是短暂的，而文化创新、社会改造与进步却不是短时间内所能完成的。因此，"五四"之后新文化运动的干将们普遍对中国现状不满，而"欲谋改造如此切身的现状"又深感自身知识之不足，岂止不足，"知识欲望，更起绝大之饥荒"，为谋社会全体之幸福，他们深感必须"修养精深的学问，与伟大的人格，以与恶社会苦战"。当时大学的领导者蔡元培、蒋梦麟、胡适等也都曾希望北大早日进入创造学术的新时代。因为学术研究是立国兴邦的命脉所系，国家学术的进步发达与否是与国家的国际地位相关的。

　　作为在中国传播马克思主义的第一人、中国共产党创始人之一的李大钊，首先是一位学者，是脚踏实地研究中国问题，一心一意为中国富强而奋斗的学者。他深知知识、思想、学术对社会发展的重要。因此，他说，"我以极诚挚的意思，祝本校学术上的发展。只有学术上的发展，值得作大学的纪念。只有学术上的

建树，值得'北京大学万万岁'的欢呼！"（《北京大学日刊》1922年12月17日）

西南联大的教师们有着相类的认识。文人报国，以笔为缨。他们在竭力培养未来的希望——学生的同时，全身心地投入学理研求，其中不少是结合当时当地实际情况需要的。中文系主任罗常培主持进行了少数民族语言的调查研究，其中有北大文科研究所研究生马学良的《撒尼倮语语法》、高华年的《昆明核桃村土语研究》等成果发表；罗庸研究滇中文化艺术，发掘出一些抗清的诗文；南开大学边疆人文研究室对玉溪、峨山、新平、元江等县的民俗、语言、地理环境、社会经济等等进行了系统的调查研究；社会学系主任陈达领导了呈贡县的人口普查和农业普查；生物学家沈同进行了余甘子、茶叶的维生素C含量的研究；工学院施嘉炀院长主持云南省水力发电勘测工作；化工系主任苏国桢创办恒通酒精厂；张大煜创办利滇化工厂，还有联大与云南有关部门合作进行了"滇缅公路沿线木材之分布及强度"研究、"石佛铁路沿线社会经济状况"调查等等。郑天挺完成了《发羌之地望与对音》等，冯友兰完成了《新理学》等，王力出版了《中国语法理论》等，吴达元完成了《法国文学史》等，贺麟完成了《近代唯心论简释》等，汤用彤完成了《汉魏两晋南北朝佛教史》等，赵迺抟完成了《欧美经济学史》，刘泽荣出版了《俄文文法》，张印堂完成《云南边疆种族地理》，冯景兰完成了《川、康、滇铜矿纪要》等，许宝騄完成了《数理统计》，孙云铸完成《中国古生代地层之划分》，张青莲完成《重水之研究》，赵九章完成《大气之涡旋运动》，王竹溪完成《热学问题之研究》……1941～1945年教育部举办的五届学术评议活动，内容涵盖文学、哲学、社会科学、自然科学、应用科学、工艺制造、古代经籍研究、美术等八大类。参评成果数千件，获奖三百余件，其中各科一等奖仅十五件，而西南联大就占七件：《新理学》（冯友兰）、《堆垒素数论》（华罗庚）、《激流论》（周培源）、《多原子分子的振动光谱及结构》（吴大猷）、《汉魏两晋南北朝佛教史》（汤用彤）、《唐代政治史述论稿》（陈寅恪）、《许氏禄丰龙》（杨钟健）。许多研究成果达到了国际先进水平，是开创性的，如生物学家汤佩松与物理学家王竹溪合作的《离体活细胞水分关系的热力学论述》，1941年发表于美国的《物理化学杂志》（J.Phys.Chem.，45：443～453，1941），这是关于植物水分运动问题热力学处理的开创性研究，国际公认的植物细胞水分问题的权威、美国迪克大学教授克拉麦认为汤王论文具有"先驱性意义"，"论文已远远超越其时代"。

　　西南联大虽地处西南边陲，但保持原三校开放的传统，与外界的学术交流不断，如英国生物史学家李约瑟教授、美国哥伦比亚大学新闻学教授贝克尔等曾来校访问、讲学。李约瑟教授还带来了一些重要文献的胶卷，并赠送了不少书刊资料，对联大师生的研究帮助不少。联大师生的科研成果还通过李约瑟的帮助在国外发表。如沈同教授领导的有关余甘子的维生素C的研究成果，由他带去发表在英国《自然杂志》第152期上。1944年6月25日，美国副总统华莱士到校参观访问，并赠送一批图书和药品等。他对生物系实验室评价颇高。

　　联大师生创办、主办了《十二月》、《时与潮文艺》、《民主周刊》、《现代文录》、《文聚》、《五华》、《青年与科学》、《边疆人文》、《中央日报·平明副刊》等等一批刊物，为活跃西南文坛，开展民主运动，普及科学知识，加强结合当地的各科研究等等做出了贡献。

　　《大公报》、《云南日报》、《中央日报》等报刊上发表的联大人的一篇篇时文、诗歌等闪现着联大人的忧国忧民情怀。关怀、指导青年学生成长的有黄钰生的《开明的教育》、曾昭抡的

《中国青年的出路》等，探讨工农业生产与国家政治、军事、文化、人口等关系的有潘光旦的《人口数量的一个政策》、吴晗的《农业与政治》、费孝通的《屯兵于工》等，直接有关抗日的则有刘文典的《美日太平洋大战和小说》、鲍觉民的《我国必须收复台湾》、闻一多的《可怕的冷静》……犹如雕弓与长矢，正应"书生报国，笔扫千军"的老话。

第八章 以笔为缨

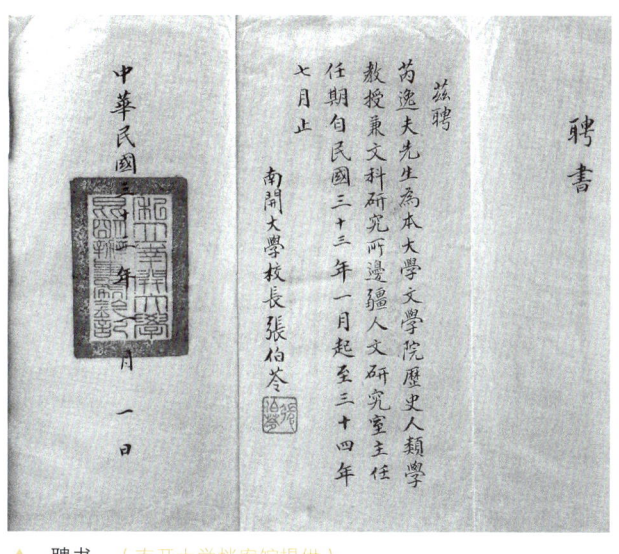

▲ 聘书。（南开大学档案馆提供）

▲ 为检发1943学年度第二学期研究所概况报告简表事教育部训令13925号。（清华大学校史研究室提供）

▼ 西南联合大学为南开大学经济研究所各种报表呈送教育部核审函。（清华大学校史研究室提供）

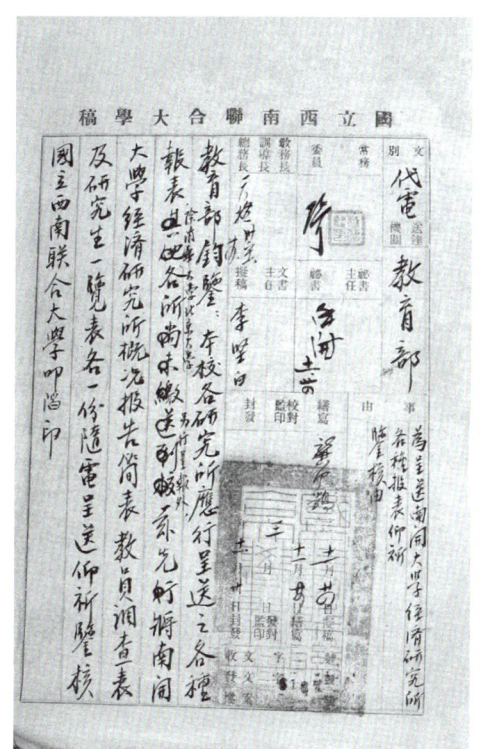

▼ 常委会第九十一次会议议决派陈序经、陈总、孙云铸、李继侗、汤佩松、施嘉炀诸先生代表本校参加西南经济调查合作委员会。（北京大学档案馆提供）

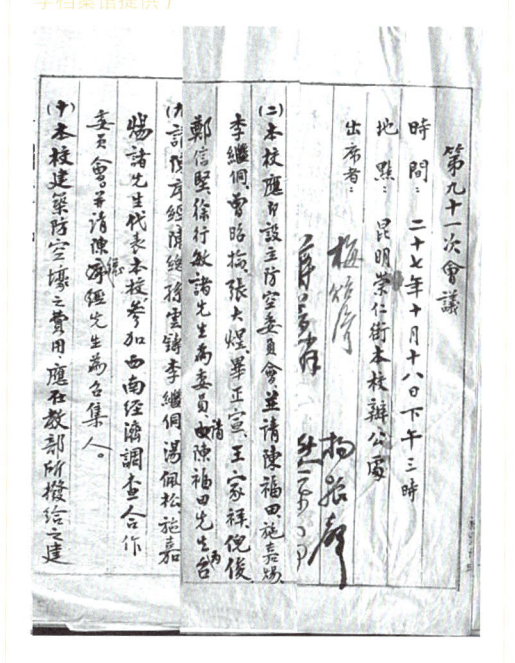

▲ 昆明北郊大普吉清华文科研究所师生及家属合影。前排站立者左一为潘光旦、左二为闻一多。（潘乃穆提供）

▶ 国立西南联合大学、国立北平图书馆合组之中日战事史料征辑会所在地。（张友仁提供）

◀ 北京大学文科研究所所在地：昆明东北郊龙头村。（选自《抗战时期文化名人在昆明·二》）

第三章 以笔为缨

国立西南联合大学、国立北平图书馆合组中日战事史料征辑会办法

国立西南联合大学、国立北平图书馆合组中日战事史料征辑会办法

第一条　国立西南联合大学（以下简称甲方）及国立北平图书馆（以下简称乙方）为征辑抗战史料起见共同组织中日战事史料征辑会

第二条　本会设立委员会主持会务委员七人由甲乙两方共同组织之

第三条　为办事便利起见得设常务委员会下设助理员分组办事

第四条　关于中文及日文之资料由甲方担任关于欧美各种外国文字由乙方担任各立财产簿分别登录

第五条　关于搜集采访由甲方图书馆及乙方分别办理

第六条　关于整理编辑由甲方历史社会学系教授暨同学担任之

第七条　除文具纸张像片由甲方担任外临时费暂定一万元由甲乙两方各认半数助理员之薪金由原派机关分别担任遇必要时得接受其他机关之补助费

第八条

▲ 国立西南联合大学、国立北平图书馆合组中日战事史料征辑会办法。（清华大学档案馆提供）

▼ 西南联大与北平图书馆为合组中日战事史料征辑会来往函件。（清华大学档案馆提供）

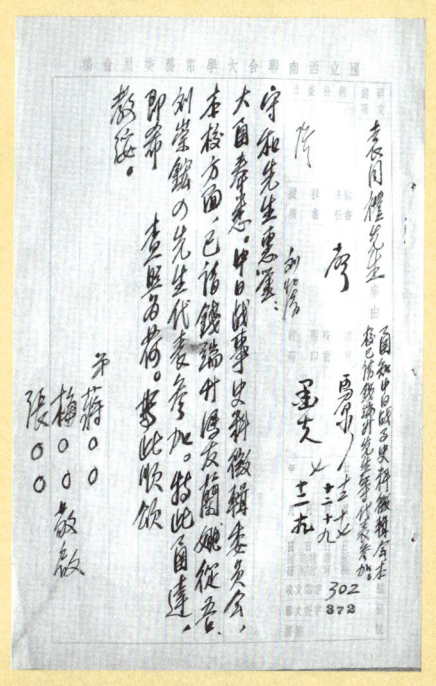

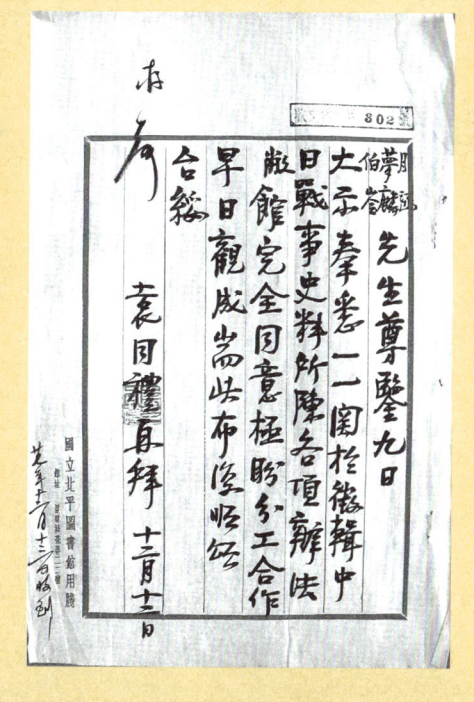

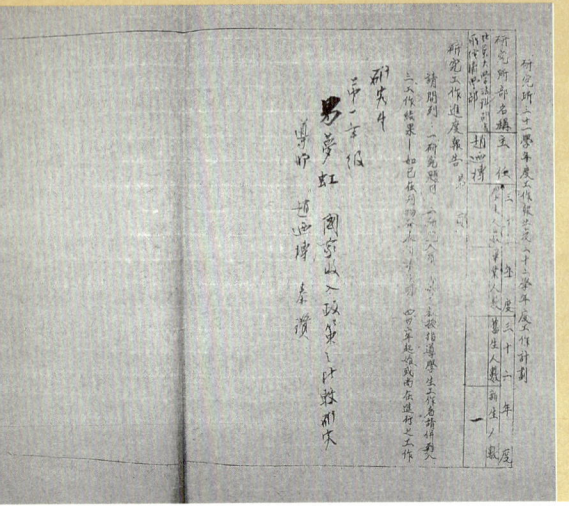

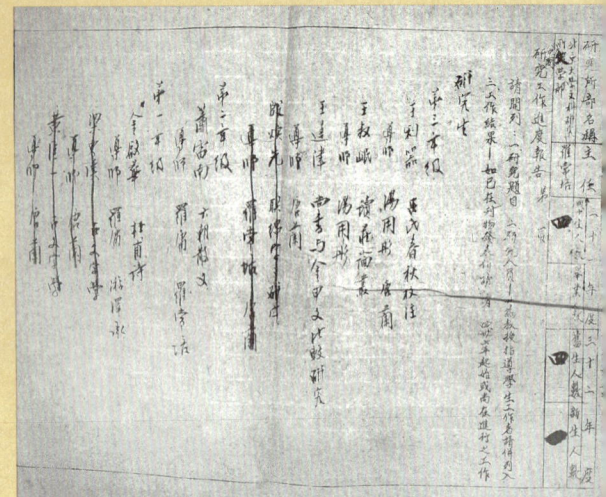

▲ 北京大学法科研究所经济学部1942学年度工作报告及1943学年度工作计划。〔清华大学校史研究室提供〕

▲ 北京大学文科研究所文学部1942学年度工作报告及1943学年度工作计划。〔清华大学校史研究室提供〕

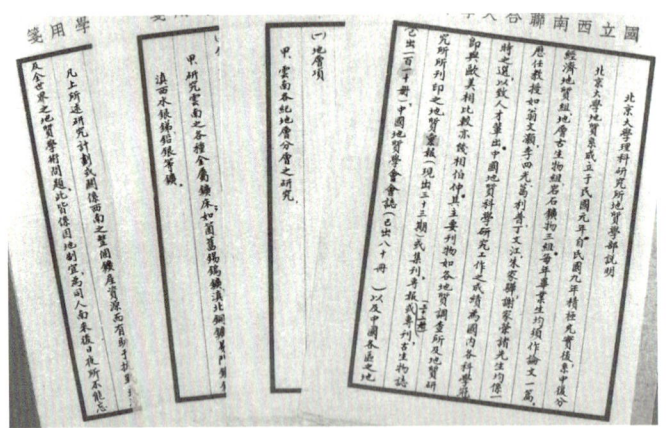

▲ 北京大学理科研究所地质学部说明。〔北京大学档案馆提供〕

▲ 北京大学理科研究所物理学部1942学年度工作报告及1943学年度工作计划。〔清华大学校史研究室提供〕

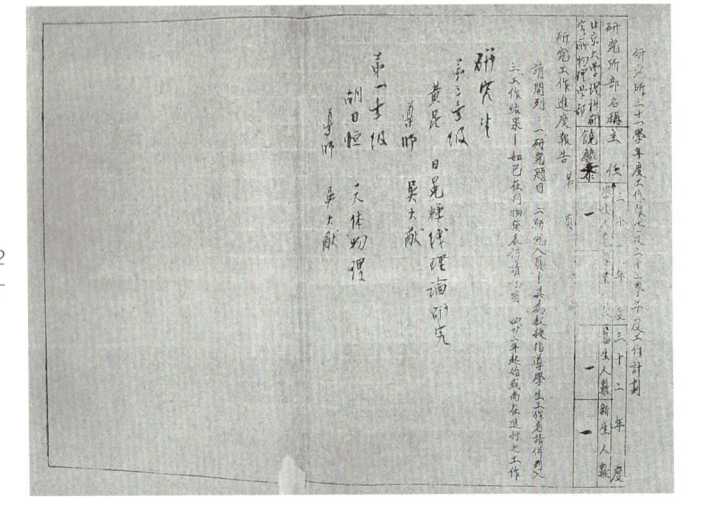

▲ 1943年度第一学期清华大学研究院概况报告简表。（清华大学校史研究室提供）

▲ 清华大学航空工程研究所研究人员略历表。（清华大学校史研究室提供）

▲ 清华大学无线电学研究所工作报告。（清华大学校史研究室提供）

▲ 清华大学国情普查研究所1942学年度工作报告及1943学年度工作计划。（清华大学校史研究室提供）

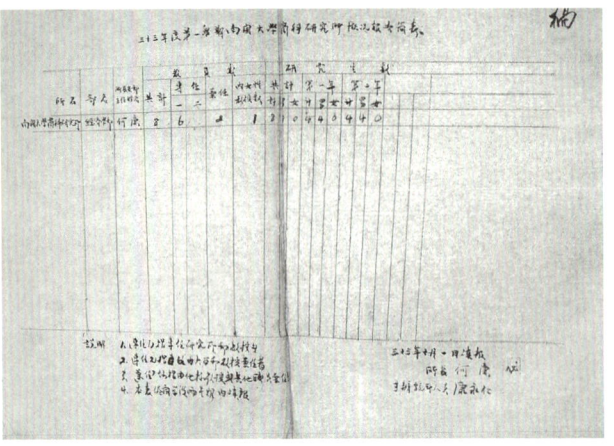

▲ 1944年度第一学期南开大学商科研究所概况报告简表。（清华大学校史研究室提供）

▼ 1944年度南开商科研究所教员调查表。（清华大学校史研究室提供）

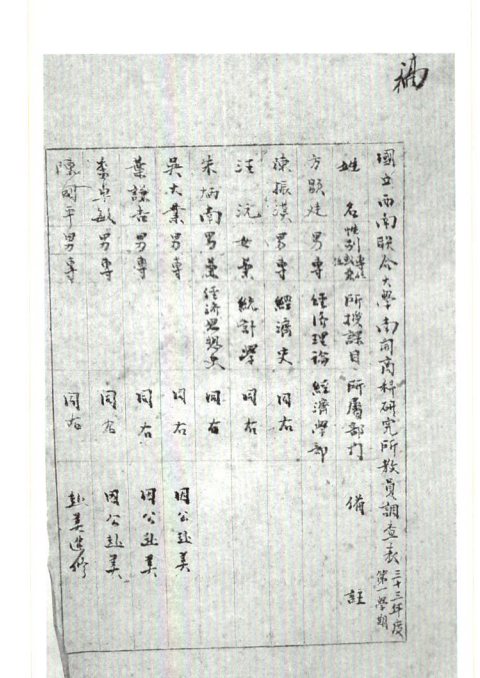

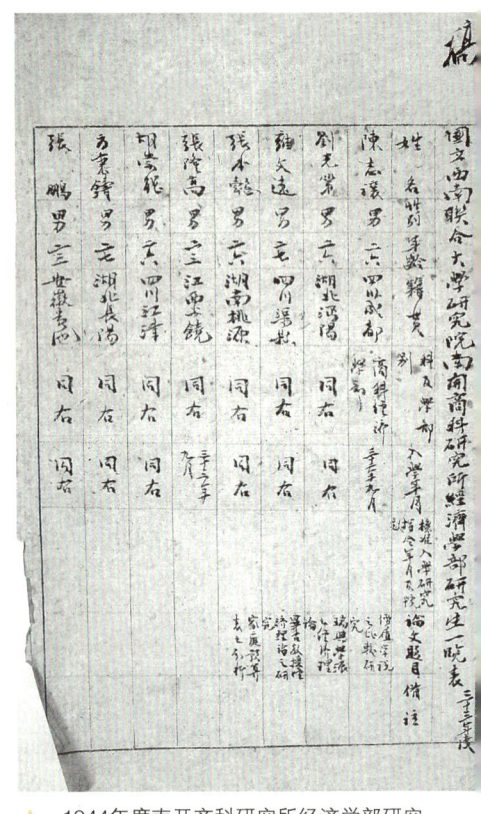

▲ 1944年度南开商科研究所经济学部研究生一览表。（清华大学校史研究室提供）

▼ 清华大学农业研究所病害组1938年度工作计划及预算。（清华大学校史研究室提供）

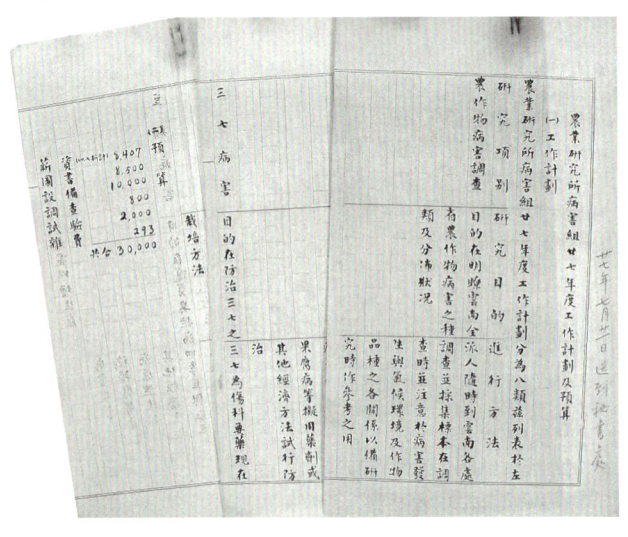

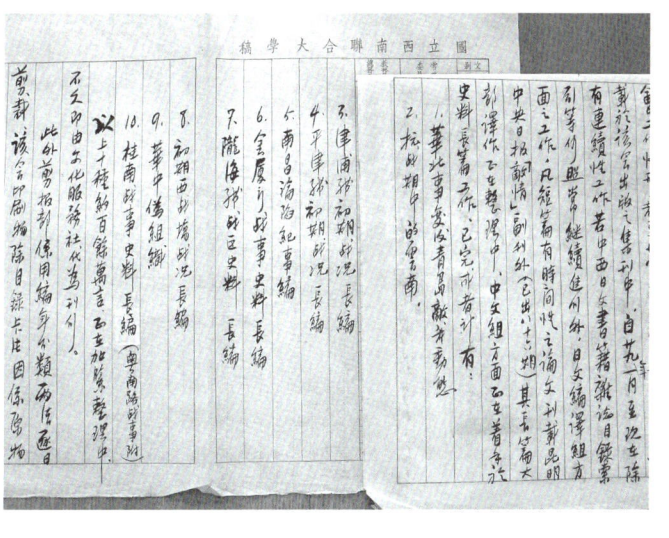

第三章 以笔为缨

◀ 中日战事史料征辑会工作情况报告。本会自1938年12月成立至1944年12月完成大量中外文资料的收集整理,《中央日报》"敌情"副刊刊出短篇时文86期,已完成《抗战时期中的云南》等史料长编十种,共一百多万字。（清华大学档案馆提供）

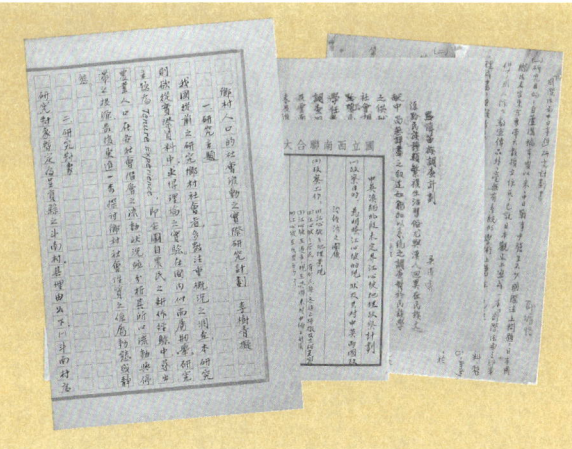

◀ 广泛的研究领域。（清华大学校史研究室提供）

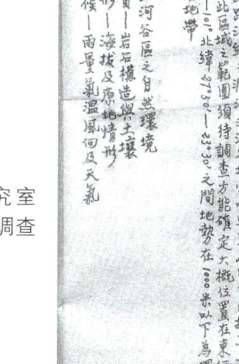

▶ 南开大学文学院人文研究室1943年石佛铁路沿线社会经济调查大纲。（南开大学档案馆提供）

▲ 部分获奖著作。（北京大学校史馆提供）

◀ 张青莲获奖论文《重水之研究》所用石英比重瓶。重水亦称氧化氘，用于原子核反应堆中作为中子减速剂和冷却剂。重水研究当年是化学研究中的热点，国内尚无条件开展。张先生由国外带回100毫升重水和石英比重瓶，此项研究得以开展，并取得良好成绩。（张青莲提供）

▲ 国立北京大学四十周年纪念论文集。（北京大学图书馆提供）

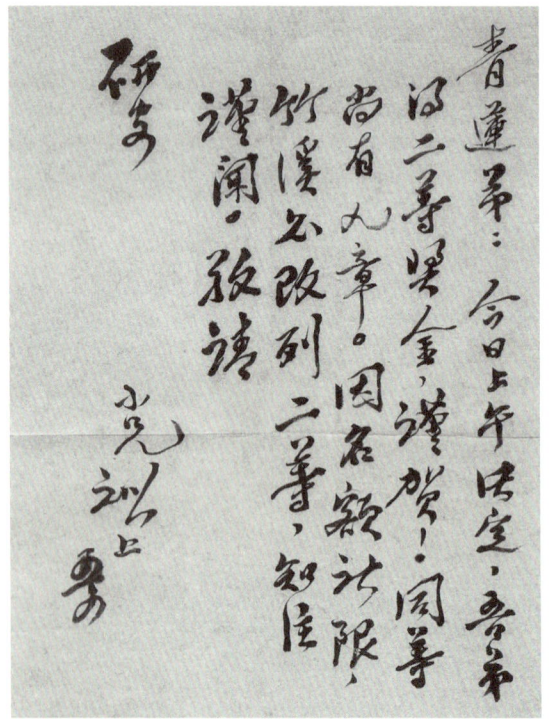

▲ 第三届评委会成员吴有训致函张青莲通报评奖情况（1943年）。（张青莲提供）

◀ 国立西南联合大学生物系研究成果概况。

▼ 刘泽荣：《俄文文法》。

▼ 曾昭抡：《大凉山》。

▶ 李宪之：《几个地学问题的研究》。

第三章　以笔为缨

▲ 郑昕：《康德学述》。（庞季娴提供）

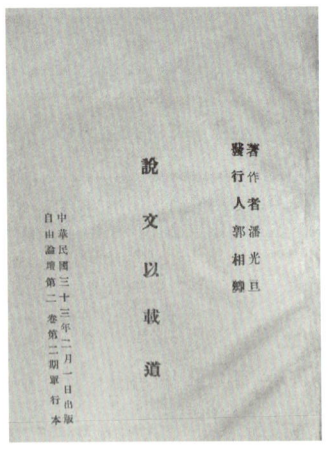

◀ 潘光旦：《说文以载道》。（潘乃穆提供）

◀ 游国恩的部分著作。（游宝谅提供）

▶ 吴达元：《法国文学史》上、下册。（吴庆宝提供）

第 8 章　以笔为缨

▲ 罗庸的部分讲义及著作。（罗式刚提供）

▲ 穆旦：《探险队》。（北京大学图书馆提供）

▲ 罗常培的部分著作。（罗芊仪提供）

▲ 沈从文：《烛虚》。（北京大学图书馆提供）

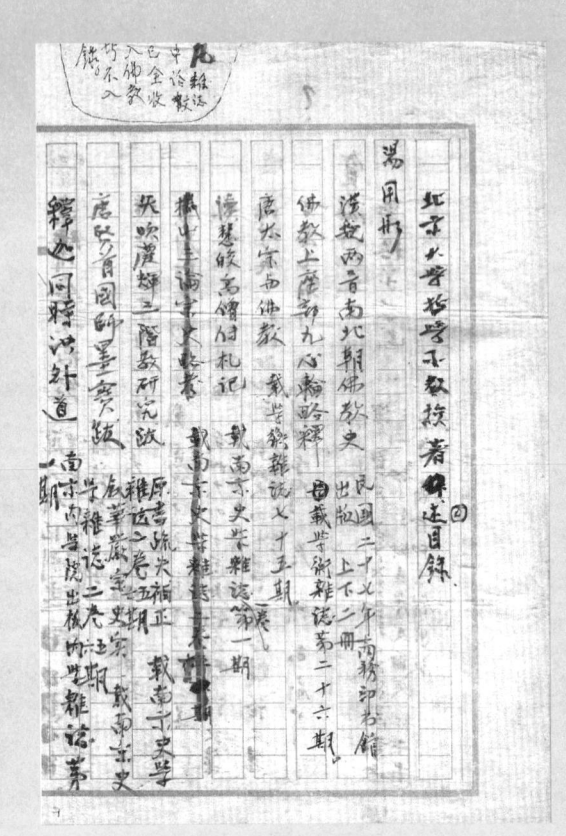

▲ 吴达元译：《费嘉乐的结婚》。（吴庆宝提供）

◀ 汤用彤的著作目录（部分）。汤用彤在联大开设印度佛学概论、魏晋玄学、斯宾诺莎哲学、欧洲大陆理性主义等七门课程。他讲课语言平实、逻辑性强。通过丰富的资料，全面客观地介绍有关哲学家的思想，进行实事求是的分析，在文化研究中探求真理。他精考事实，平情立言，自然勾勒出本地文化与外来文化接触融合的三阶段。这在《汉魏两晋南北朝佛教史》、《魏晋玄学论稿》中表现清晰。（北京大学档案馆提供）

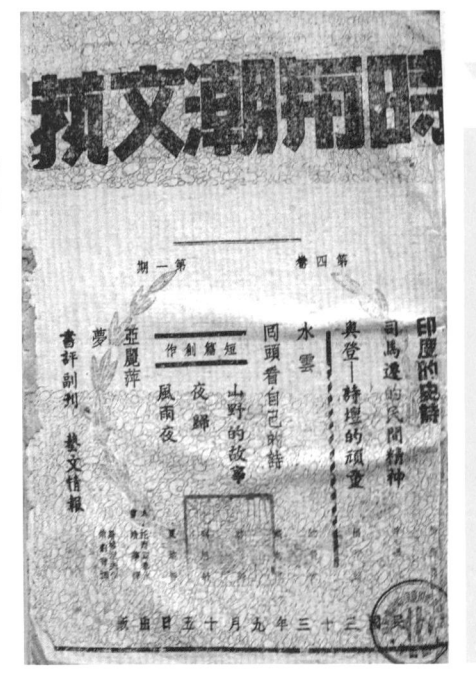

▼ 曾昭抡主编的《青年与科学》。

◀ 沈从文、曹靖华主编的《时与潮文艺》。

▲ 联大教师主编的《中央日报》平明副刊。【北京大学图书馆提供】

▼ 联大教师主办的《现代文录》。【北京大学图书馆提供】

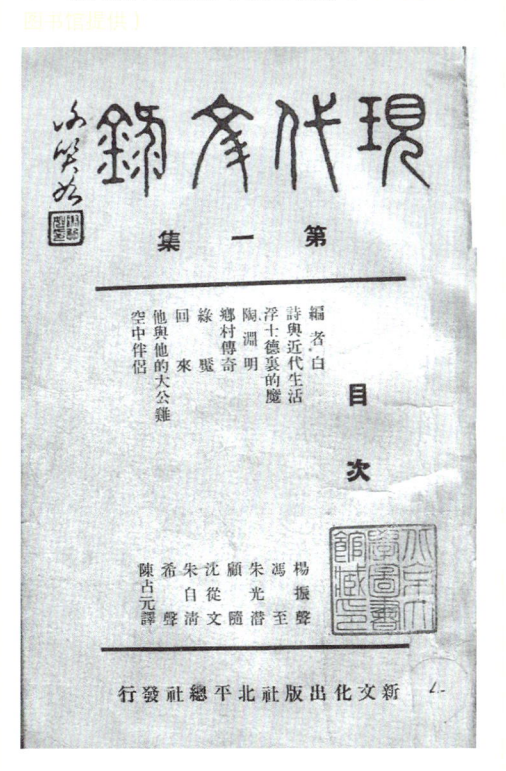

▼ 联大师生主编的《五华》月刊。【家属提供】

第八章 以笔为缨

▶ 闻一多主编的《民主周刊》。〔选自《诗人 学者 民主斗士——闻一多》〕

▲ 科考团师生攀揉竹索过河。〔北京大学校史馆提供〕

▼ 西康科学考察团走红军长征路线,考察沿途地理、道路、物产、民风等。全体在西康昭觉合影。自左至右 前排：黎国彬、戴广茂、柯化龙、裘立群、李士谔；后排：王隆映、周光地、陈泽汉、曾昭抡、钟品仁、康晋侯、马杏垣。〔北京大学校史馆提供〕

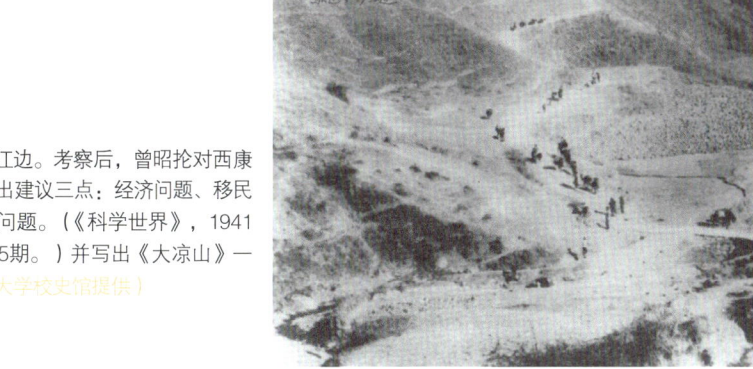

▶ 在金沙江边。考察后,曾昭抡对西康建设问题提出建议三点:经济问题、移民问题、区域问题。(《科学世界》,1941年第10卷第5期。)并写出《大凉山》一册。[北京大学校史馆提供]

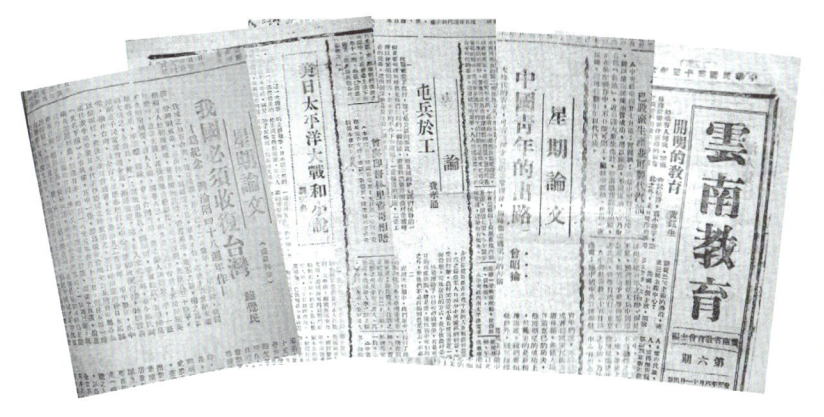

◀ 黄钰生:《开明的教育》,曾昭抡:《中国青年的出路》,费孝通:《屯兵于工》,刘文典:《美日太平洋大战和小说》,鲍觉民:《我国必须收复台湾》。联大教师发表在《云南日报》、《大公报》、《中央日报》等报刊上的篇篇时文,闪现着联大人的忧国忧民情怀,犹如雕弓长矢。[北京大学图书馆提供]

▶ 王竹溪读书笔记(1939~1941年)。王竹溪先生治学勤谨,勇于探索。他与生物学家汤佩松合作完成的《离体活细胞水分关系的热力学论述》发表在美国《物理化学》杂志(J. Phys. Chem., 45: 443~453, 1941)上,成为该领域开创性成果。[曾汉兰提供]

第八章 以笔为缨

国立西南联合大学图史

第 9 章

梅花傲雪

云南在抗战开始时仅有一条滇越铁路通往国外，后来又以极短的时间赶着修通了滇缅公路。就社会经济而言，云南虽然资源丰富，但却长期缺乏科学开发，因而较为落后。龙云主政云南后，一方面害怕蒋介石把自己"吃掉"，故千方百计想发展云南，增强实力与蒋抗衡；另一方面又不得不依附于蒋介石，与蒋保持若离若即的关系。抗战期间，龙云与旧友朱德、叶剑英有往来，他坚决反对日寇的入侵，为云南的民主运动网开一面，客观上为云南创造了一种宽松的气氛，所以云南的民主力量得以发展。在抗战后期，龙云还秘密加入"中国民主同盟"。西南联大常委梅贻琦表示：云南开发，大有可为。龙云也希望借助西南联大的力量，来发展云南，所以对西南联大的办学给予了积极的支持。

组成西南联大的三校都是"五四"运动的中坚，师生高举民主和科学两面大旗，在努力搞好教学和科研的同时，开展了轰轰烈烈的抗日救亡运动。师生们迫于战乱，背井离乡，但无时不在关心着战局的发展。开展抗日救亡运动，成为他们的自觉行动。1941年底香港沦陷后，许多各界名人难以撤离，而国民党行政院副院长兼财政部长孔祥熙却利用职权抢运私人财产（包括宠物狗），激起民愤。联大、云大、中法等大中学生纷纷集会声讨，终于爆发了"倒孔运动"，这次运动属于自发，显示了民主的力量。师生们知道，抗日战争是全民的抗日战争，只有动员民众，才能赢得战争的胜利，他们在课余，到工厂、农村、军队中宣传抗战，慰问抗日将士；他们以笔做枪，写文章，出著作，激发民族自信心；他们组成中日战事史料征辑会，为日后审判战争罪犯提供证据；他们成立"边胞服务站"，为靠近战区的边民服务。不仅如此，他们还投笔从戎，直接参军参战。在京津沦陷后，三校就有一些学生没有随校到长沙，而上了前线；长沙临时大学将迁往昆明时，又有一些学生报名参了军；1944年后，相当一批学生参加了中国远征军，或到援华美军中担任翻译，其中就有梅贻琦常委的一子、一女、一侄儿。除这三次外，还有零星参军的。西南联大究竟有多少学生参军，至今仍无确数，单西南联大纪念碑阴面所刻八年从军学生题名就有834人，其中前5人的名下专门注明"殉职"，表明这几位立碑时就已经牺牲了。

西南联大师生的抗日救亡运动、民主运动经常在"民主草坪"举行，在这里不仅召开每月一次的"国民精神动员月会"，而且学生经常举行集会，请教授演讲，著名的"11·25"反内战时事晚会等都是在这里举行的。西南联大学生组织了众多的社团，这些社团为了宣传自己的主张，便纷纷办了壁报。西南联大一进门的右边一大块墙，就成了学生出壁报的地方，"琳琅满目"，内容丰富，这就是有名的"民主墙"。值得一说的是，在美国副总统华莱士到西南联大时，学生们专门出了一期英文壁报，揭露蒋介石的消极抗战政策。西南联大有"民主堡垒"之称，其含义有二：就本校的办学思想而言，指学术自由和民主治校，大学以学术为本位，发展学术，必须遵循学术自由的原则；就抗日救亡运动而言，自1943年后，抗日救亡运动进一步高涨，原来的"五四"纪念日扩大成为纪念周；"七七"纪念日、"一二·九"纪念日、护国运动纪念日的内容也比以前丰富，参加的人也越来越多。因此有"要革命的到西南联大去"的说法，也有记者希望西南联大"不仅要成为民主堡垒，还要成为民主坦克车"之说。

抗日战争胜利后，国民党反动派为了实行独裁统治，一方面调兵遣将准备向解放区发动全面内战，一方面对"国统区"的爱国民主力量加紧镇压。云南因为特殊的地理位置及民主政治空气的浓厚，成为蒋介石的眼中钉，必欲除之而后快。蒋先以"受降"的名义把龙云的主力部队调往国外，后又命其嫡系杜聿明部队突然用武力将龙云解除了军政职务。接着蒋命其亲信李宗黄担任国民党云南省党部主任兼代理省主席，云南再度陷入白色恐怖之中。从武装改组云南的枪声中，以西南联大、云南大学为主的昆明大学生看清了反动派发动全面内战的丑恶嘴脸，他们坚决响应中国共产党提出的"和平、民主、团结"的口号和"全国人民动员起来，用一切方法制止内战"的号召，决定召开一次"反内战时事晚会"，以唤醒更多的民众。大会冲破重重阻力，在军警的枪炮声中，钱端升、费孝通、伍启元、潘大逵等分别从政治、经济、外交、财政等方面抨击国民党反动派，要求停止内战，成立民主的联合政府；大会还通过了《昆明市大中学生为反对内战及抗议武装干涉集会告全国同胞书》。此举引起国民党反动派的仇恨，他们把学生的爱国之举谎称为"匪警"，学生们极为愤慨，西南联大学生率先罢课以示抗议，其余大中学校也纷纷罢课。反动派恼羞成怒，对手无寸铁的学生"以组织对组织，以宣传对宣传，以行动对行动"，组织特务、暴徒对学生大打出手，酿成了震惊中外的"一二·一"惨案。惨案发生后，中国共产党引导学生，通过灵堂祭奠、停灵复课、公祭出殡、烈士下葬，对反动派开展有理、有利、有节的斗争。通过这些斗争，使更多的人看清了反动派的真实面目，进一步壮大了爱国民主力量。历时117天的"一二·一"运动，是在中国面临两条路线、两种命运决战时刻，青年学生继承"五四"、"一二·九"运动的光荣传统，响应中国共产党的号召：反对内战，争取和平；反对独裁，争取民主；反对分裂，争取团结——代表了人民的正义呼声，顺应了历史潮流。在中国共产党的领导下，英勇地和反动派进行斗争，从而揭开了解放战争第二条战线的序幕，配合了解放区军民的自卫战争，打击了国民党反动派的统治，对中国革命做出了不可磨灭的贡献，是中国青年运动史上一个新的里程碑。

▲ 打谷场。（选自《抗战时期文化名人在昆明·二》）

▼ 20世纪40年代昆明街景。（选自《抗战时期文化名人在昆明·二》）

▲ 1944年12月28日，西南联大从军同学在图书馆前合影。（北京大学档案馆提供）

◀ 1942年联大学生许渊冲（骑自行车者）任美军翻译。（许渊冲提供）

▼ 1944年12月28日，国立西南联合大学知识青年志愿从军委员会和学生自治会欢送从军同学。图中举横幅者右边身着长袍者是青年志愿从军委员会委员查良钊先生。（北京大学校史馆提供）

云南省政府主席龙云。龙云祖籍四川凉山，生在云南昭通，彝族。与朱德、叶剑英先后毕业于云南讲武堂。龙云1928年任云南省政府主席后对蒋介石竭诚拥护，但随着时间的推移，蒋介石私心自用、排斥异己等做法引起龙云不满。抗战初期大批中原文化人士、西南联大等文化机关西迁入滇，增加了云南的民主气氛，正对主张民主、反对独裁的龙云的胃口。此时，蒋介石为控制西南，派遣大量特务进入云南暗中监视龙云。蒋介石不积极抗日并在财政上与龙云矛盾很大，引起龙云的反感。龙云开始由拥蒋到反蒋，从反共到联共的转变。周恩来任书记的中共中央南方局通过倾向进步的龙云的部属等做了大量工作，还派遣中共党员华岗、周新民、杨才等到昆明直接帮助工作，并在龙云公署设有电台，随时保持与中共中央的联系。龙云秘密加入以张澜为主席的"中国民主同盟"后更明令保障云南人民的民主自由权，提倡言论、出版自由，允许游行示威，使昆明成为当时的民主城市。（选自《云大流金》）

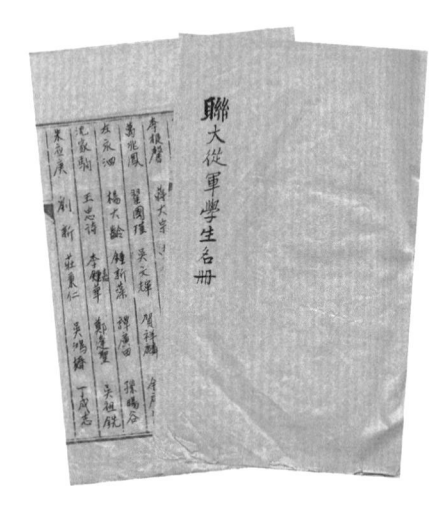

▲ 西南联大从军学生名册。（北京大学档案馆提供）

▶ 西南联大学生梅祖彦（梅贻琦之子）在军营。（刘自强提供）

第9章 梅花傲雪

▲ 西南联大学生叶根荫在前线。〔叶晓石提供〕

By direction of the President of the United States of America, under the provisions of Executive Order 9586, July 6, 1945, the Medal of Freedom (Bronze Palm) was awarded by the Commanding General, United States Army Forces China, on May 14, 1946, to

MEI TSU-YEN, CHINESE CIVILIAN

for meritorious service which aided the United States in the prosecution of the war against the enemy during World War II.

▲ 美国国防部颁发给梅祖彦的第二次世界大战纪念证书。〔刘自强提供〕

◀ 为纪念第二次世界大战中中国战区对美军抗敌的援助，1945年7月6日美国总统指令对功绩卓越的中国人员，上至傅作义将军等下至普通工作人员，授予铜质自由勋章。其中受奖的上尉翻译官52人中，有西南联大学生梅祖彦、姚元等16人。〔刘自强提供〕

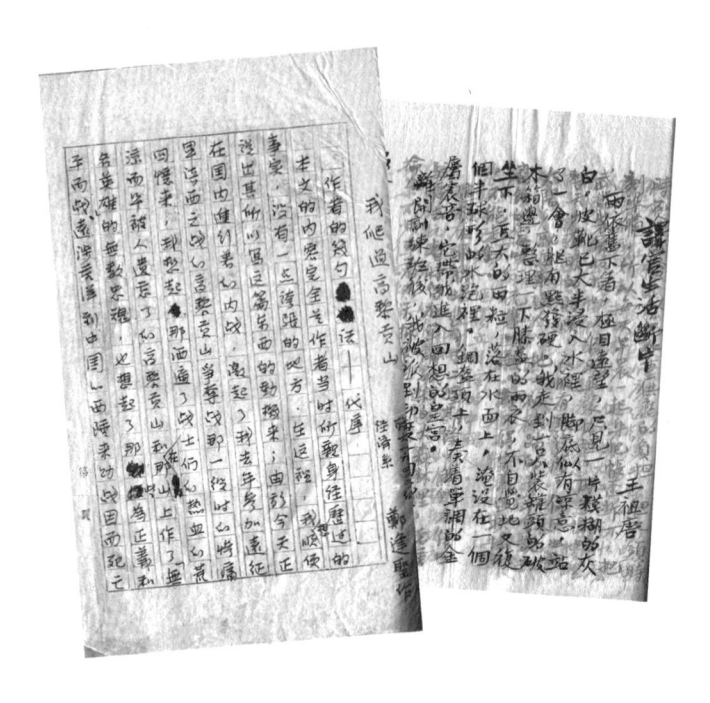

▲ 《八百学子从军回忆》。（北京大学校史馆提供）

▲ 王祖唐：《译官生活断片》，郑逢圣：《我爬过高黎贡山》。（北京大学档案馆提供）

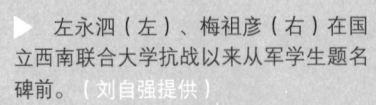

▶ 左永泗（左）、梅祖彦（右）在国立西南联合大学抗战以来从军学生题名碑前。（刘自强提供）

国立西南联合大学图史

▲ 1945年12月1日遭特务攻打之后的国立西南联合大学校门。（北京大学校史馆提供）

▼ 为抗议"一二·一"惨案，西南联大在学校大广场上举行大会。
（北京大学校史馆提供）

▼ "一二·一"运动中西南联大宿舍外的宣传壁报。（张友仁提供）

▲ 西南联大新校舍图书馆暂做灵堂。灵堂内千百副挽联纵横高悬,表心声慰英灵:"阴霾暗晴空,那堪暴雨狂风,几处素梅遭惨劫;毅灵游大地,太息白杨衰草,四抔黄土送斜阳。""碧血溅黄沙,浩气凌空,竟使屠夫假坠泪;丹诚卫祖国,吼声塌地,勿怪黔首尽倾心"……（张友仁提供）

▲ 烈士张华昌的妈妈痛不欲生。（严宝瑜、吴琼瑶提供）

▲ "一二·一"运动中,西南联大学生在昆明光华路云瑞公园做宣传。（张友仁提供）

▲ 昆明市民前来吊唁者达到15万人次，几乎占全市人口的一半。他们来自各行各业有学生、教师、工人、农民、地方士绅，还有国民党政府公务人员和官兵。（严宝瑜、吴琼瑚提供）

▼ 出殡队伍穿过市区，数万市民肃立街头，夹道目送。3万人的殡仪行列，白花似海，庄重前进。（严宝瑜、吴琼瑚提供）

第 9 章　梅花傲雪

▲ "一二·一"烈士出殡仪式。殡仪行列高举标语牌和漫画板，乐队之后为烈士画像，各界送葬长列之后为烈士灵车。撞击自由钟开道，哀沉的钟声回荡全城……（北京大学校史馆提供）

◀ 西南联大新校舍校门外"民主墙"。（钱惠源提供）

▼ 四烈士出殡:"你们死了,还有我们!"(钱惠濂提供)

▼ 各路祭亭前,学生代表宣读祭文,为死难烈士控诉申冤,誓为反内战、反独裁奋斗到底。(钱惠濂提供)

第九章 梅花傲雪

▲ 于再烈士。(严宝瑜、吴琼瑁提供)　▲ 潘琰烈士。(严宝瑜、吴琼瑁提供)　▲ 李鲁连烈士。(严宝瑜、吴琼瑁提供)　▲ 张华昌烈士。(严宝瑜、吴琼瑁提供)

为民前驱

孙宋庆龄敬挽　　于再先生千古

▲ 1946年1月13日，上海召开追悼于再烈士大会。图为宋庆龄所送挽幛。(选自《一二·一运动》)

▲ 1946年"一二·一"运动周年纪念会。(钱惠濂提供)

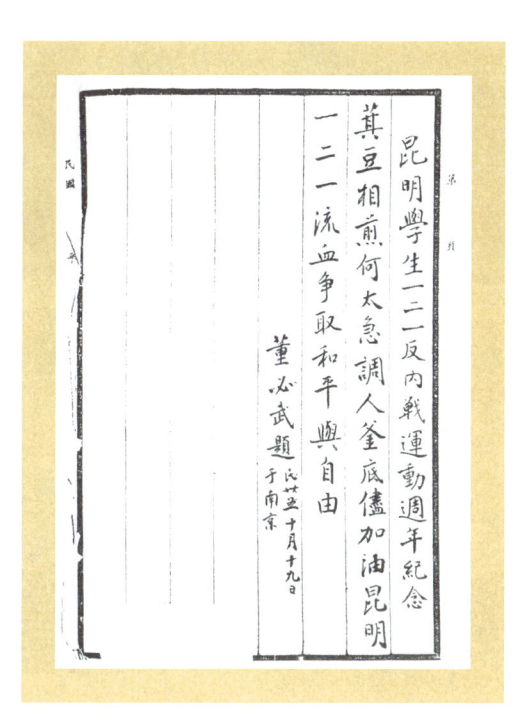

第 9 章 梅花傲雪

> 昆明学生一二一反内战运动週年纪念
> 萁豆相煎何太急 调人釜底儘加油 昆明
> 一二一流血争取和平与自由
> 董必武题
> 民卅五十月十九日
> 于南京

◀ 1946年董必武为"一二·一"运动周年纪念题词。（选自《一二·一运动》）

▼ 四烈士墓。（严宝瑜、吴琼瑞提供）

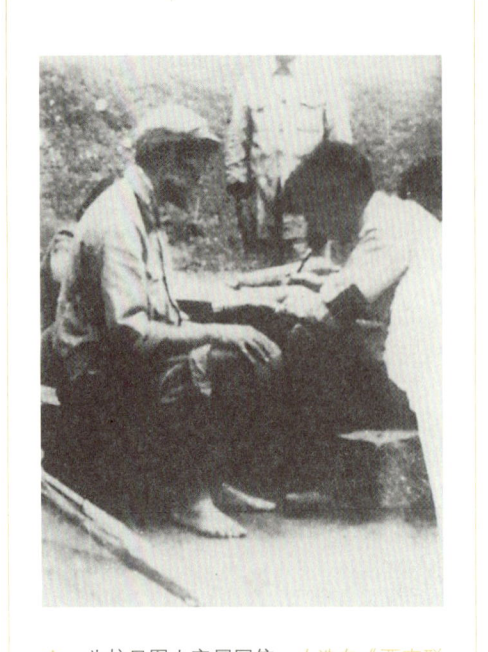

▲ 为抗日军人家属写信。（选自《西南联合大学纪念册》）

▲ 同学们正在出壁报。（严宝瑜、吴琼瑁提供）

▼ 最后一届学生自治会全体理事合影。（北京大学校史馆提供）

▲ 为宣传抗日救亡，1940年寒假群社宣传队到富民县龙潭街演出话剧《汉奸的子孙》。【北京大学校史馆提供】

▼ 1945年12月反内战罢课期间，西南联大剧艺社街头演"告地状"。【李友仁提供】

▼ 宣传队员和抗日官兵合影。1944年7月西南联大学生暑期宣传队，为浴血奋战的抗日官兵作慰问演出。【李凌《西南联大纪念册》】

▲ 1946年2月17日在昆明"庆祝政协会议成功，抗议重庆'二一〇'惨案，坚持严惩'一二·一'惨案祸首大会"上，大会主席闻一多在演说。（选自《诗人　学者　民主斗士——闻一多》）

◀ 吴晗教授在演讲。（选自《诗人　学者　民主斗士——闻一多》）

▼ 西南联大高声唱歌咏队接受昆明学生联合会赠送的"民主堡垒"锦旗。持旗者左傅冬菊（傅作义之女）、右梁志英。（严宝瑜、吴琼瑁提供）

第 9 章　梅花傲雪

学生报纪念李公朴先生遇难特刊

闻一多

一 新的开始

（本报讯）

闻一多先生题写的"学生报纪念李公朴先生遇难特刊"报头。（选自《诗人　学者　民主斗士——闻一多》）

▼ 黄子卿教授的挽联。（北京大学档案馆提供）

挽闻一多兄
仁则杀身义全授命碧血染绛帷比重泰山无限恨
诗成死水经补辍青史传红烛尽春云梦有余才

注〔死水〕〔红烛〕为闻君诗集名

▶ 弹痕累累的闻一多遗体。（北京大学校史馆提供）

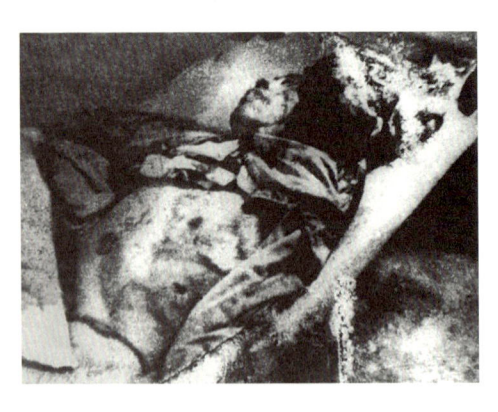

民主之魂

重慶市民六千餘人昨舉行李聞追悼大會

參加大會者莫不悲痛憤怒，誓為繼承烈士遺志，爭取和平民主獨立，繼續奮鬥。

和平在流血！民主在流血！

大會主席張瀾致開會詞
周炳琳報告聞一多生平

各方盼民盟派人赴昆
絕不願「姜凱」重演
民盟迄未接獲政

◀ 1946年7月28日重庆六千余人隆重追悼李、闻二烈士。图为29日《新华日报》的有关报道。（选自《诗人 学者 民主斗士——闻一多》）

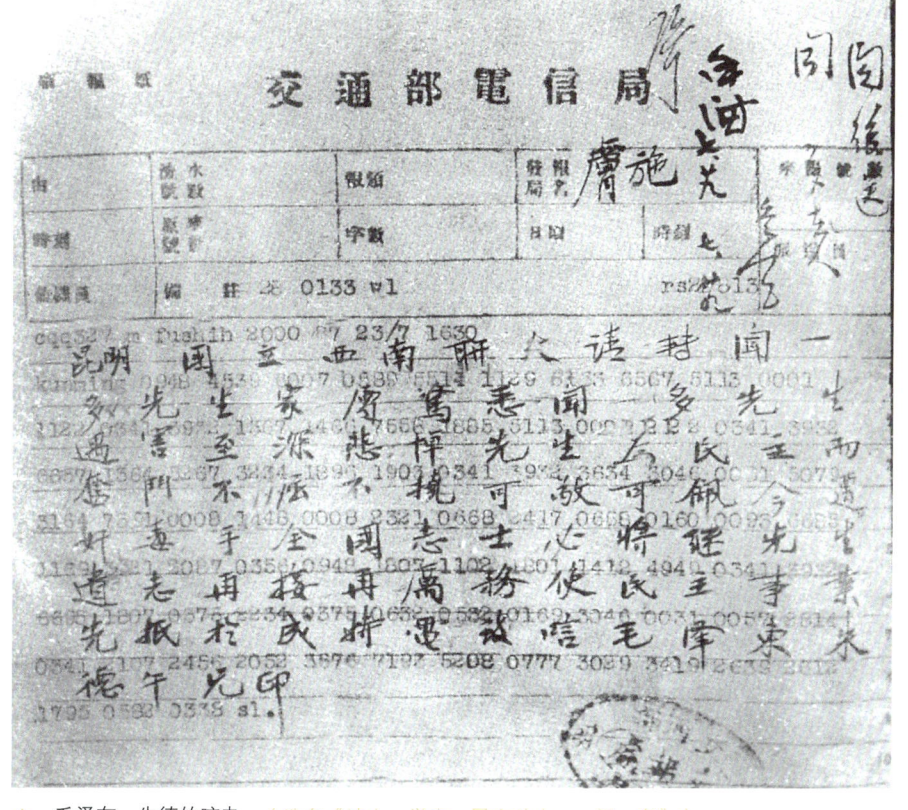

▲ 毛泽东、朱德的唁电。〔选自《诗人　学者　民主斗士——闻一多》〕

▶ 周恩来亲笔悼词。1946年10月4日，邓颖超在上海李、闻追悼大会上宣读了周恩来的悼词。〔选自《诗人　学者　民主斗士——闻一多》〕

▶ 1946年7月26日,延安各界举行了反内战、反特务,追悼李、闻等烈士的大会。(选自《诗人 学者 民主斗士——闻一多》)

▼ 1946年10月4日,上海各界五千余人隆重举行李、闻追悼大会。(选自《诗人 学者 民主斗士——闻一多》)

▲ "一二·九"运动十周年纪念会在西南联大举行。（张友仁提供）

▼ 1945年5月4日，昆明学生大游行。（张友仁提供）

国立西南联合大学图史

第 10 章

胜利北返

1945年8月15日，对于中国人来说是一个举国欢腾的日子，日本天皇宣布无条件投降，这宣告了中国人民长达八年的抗日战争的结束。一时间，胜利的捷报传遍了九州。

消息传到西南联大校园，师生们奔走相告，欢呼雀跃，漫长的黑夜终于过去了。此时，联大学人考虑和谈论得最多的话题便是复员北上。当年在炮火中逃离故园之时，不少人坚信，他们一定会回到故土的。但却不曾想到，这一去就是八年。八年过去了，久违的平津故地而今又是个什么样子呢？是否还留有当年的容颜？家乡的亲人是否安在？特别是那些来自平津沦陷区的师生更是归心如箭。

早在1945年8月13日，西南联大常委会第三四二次会议上讨论了复员北返问题，决定1945～1946学年度第一学期上课十二周后开始放假。这就表明联大准备利用寒假时间开始迁移，并计划在下一学期开学时各校全部迁入各自在平津的校址上课。同时还决定允许联大学生自由选择学校继续学习。8月23日，西南联大常委会第三四三次会议决定成立联合迁移委员会，聘郑天挺、黄钰生等为该委员会委员，郑天挺为主席。

1945年11月1日，西南联大举行八周年校庆。联大成立了负责复员返校工作的筹备委员会、《西南联大纪念册》编辑委员会。学校在图书馆举行茶会，款待云南各界朋友。梅贻琦代表联大在会上发言，历数联大八年来的风雨历程，感谢当地父老八年来对联大的无私帮助，展望北返后的新生活。晚上全校举行了大聚餐，饭后还举行了规模盛大的欢庆营火晚会。为了这次具有特殊意义的校庆，在学生自治会的组织下，联大的各个社团进行了精心的准备，举行诗歌朗诵、歌咏、演剧、座谈、讨论会等各种活动，联大校园一派欢悦景象，师生们沉浸在战后的美好憧憬之中。正当联大师生们沉浸在抗战胜利，即将北返的喜悦之中，发生在1945年12月1日的昆明"一二·一"惨案使得北上返校的准备工作停顿下来。惨案发生后，群情激愤的联大师生们开始罢课。这期间，联大领导疲于应付来自上下左右各个方面的压力，连一向被人们视为刚毅坚卓的梅贻琦也几乎辞职。罢课持续了一个多月，联大的各项日常工作几乎处于瘫痪。"一二·一"运动结束以后，联大的各项工作又得以继续下去，云南省主席卢汉则希望三校早日离开昆明，以免对他不利。复员北归工作以更快的速度紧张地开展起来。

联大迁移委员会一方面加紧和各方联系，一方面仔细策划北归的具体事宜。他们首先讨论的是北返路线，他们向受托管理联大复员的有关各部门建议：派人赴渝，向善后救济总署申请拨船只；派人赴蒙自、河口一带视察、了解交通情况；请吴泽霖与航空委员会联系飞机，以便运送教职员及其亲属；等等。然而，这些建议迟迟得不到满意的回复。因为重庆方面正忙于动用所有的交通工具运送军队，去和共产党抢地盘，自然无暇顾及联大的复员北上事宜，联大常委会面对这种尴尬的局面，不得不做出了更为积极的决定，各方设法，积极联系。"自五月十日起本大学开始迁移，所有本大学各部分结束事项须于五月底前办理完竣"。

寻找交通工具的工作是三校复员面临的最棘手的问题。几经反复，问题仍无法解决。为此，联大常委会又举行了第三七一次会议，会上被迫做出决议："鉴于海陆空交通工具，在最近三数月内无法可设，本校应暂缓结束。"可见事情已经到了何等无奈的地步。与此同时，联大所有师生都积极行动起来了，他们四处求告，积极与和联大有密切关系的人及三校的校友联系，争取得到支持，解决交通运输工具的困难。不久，各地校友都有佳音回来，表示愿意在当地积极联系，为北归校友提供方便。最后联大终于得到了行政院善后救济总署的支持，救济总署可以为联大复员北上提供汽车，并提出了具体的乘车路线：从昆明坐车，经贵阳到长沙；从长沙经武汉到南京则搭乘轮船；从南京到上海坐火车；从上海乘开滦煤矿运煤南下空返的登陆艇，到秦皇岛转火车赴天津、北平。

经过紧张的准备，复员北上的工作基本就绪。昆明这九年峥嵘岁月，在联大人心中，在三校的历史上，甚至在中国的现代教育史、文化史上都是永远无法抹去的。为把中国20世纪历史上发生的这一段具有特殊意义的事件记录下来，联大师生一致决定修建一座西南联大纪念碑。碑文由文学院院长冯友兰教授撰写，叙述了西南联大的历史，并对她的历史意义进行了分析和总结。碑文中提到西南联大"内树学术自由之规模，外来民主堡垒之称号"，并认为西南联大为"一代之盛事、旷百世而难遇"，表达了联大人的民族自豪感和为民族复兴继续奋进的决心。碑额"国立西南联合大学纪念碑"由中国文学系闻一多教授用篆文书写，碑文由中国文学系主任罗庸教授书写，阴面为"国立西南联合大学抗战以来从军学生题名"，由中国文学系唐兰教授篆额，834名学生的名录由算学系刘晋年教授书写，三校五教授合作完成一碑，堪称一绝。

西南联大在昆明与云南各界人士结成了深厚的情谊。在三校北返之际，云南全省商会联合会和昆明市商会的理事长及全体理事共同发起，请前云南大学白之瀚先生撰写三副对联分赠北大、清华、南开以作纪念。赠北京大学为"博我以文日就月将惠此南国；仰之弥高察时垂象譬如北辰"。赠清华大学为"万里采葑来载将时雨春风已为遐方开气运；九年移帐去种得天南桃李长留嘉荫咏清华"。赠南开大学为"天教振铎泽被南滇看到满门桃李正开时为金碧湖山平添春色；夜话避戎事同西土例诸欧洲文艺复兴史愿乾坤抖擞早放曦光"。并作《公送国立西南联合大学北归复校序》，高度评价西南联大对云南的贡献："日人之袭我卢沟桥也，北平之国立北京、清华、天津之南开三大学，深维战祸之未可遽已，将为内迁计。既承国府命，于是抱其图书仪器，徒步而南，始莅于长沙，继止于昆明，因合并之为西南联合大学，结茅立舍，弦诵一如其平时。留滇九年，凡所以导扬文化，恢宏学术者无不至，一时文教之盛，遂使昆明屹然为西南文化之中心。""爰共议之曰：联合大学之于滇，自师范学院、附属中学之设立，本省各级学校之协助，学术公开之演讲以及公私经画之匡襄，庶政百业之赞导，既至繁巨，不可以悉举。""自联合大学南来，亲见其蒙艰难，贞锲而弗舍，举亨困、夷险、祸福，胥不能夺其志。因推阐其本末一贯之理，知夫施诸治学，则为一空倚傍，实事求是；见诸行事，则为知耻适义，独立无惧；反之于身，则富贵不淫，贫贱不移，威武不屈；推之于人，则为直道而行，爱之以德。盖析之则为个人之品格，合之则为一校之学风，其不志温饱，特全德表著之一端耳。观联合大学诸先生，类多在事数十年，乃至笃守以终身，是岂菲食恶衣所能尽哉！惟其然也，故能以不厌不倦者自敬其业，而业乃久；以不忧不惑者自乐其道，而道乃尊。夫然后教育事业之神圣，学术思想之尊严，乃有所丽，而可久维于不敝。如是熏习而楷模焉，久与俱化，他日士气民风，奂然丕变，溯厥从来，知必有所由矣。此其关系为何如者！"

西南联大则回复谢函，表示了对云南人民的谢意和惜别之情："敬启者，八载推襟，一朝分襟。值乱离而设教，惭非通德之门；欲赋别而伤神，尚乏生花之笔。乃荷玳筵先馔，既厚扰夫杯盘；锦轴继颁，获青辉于蓬荜。金锵玉振，陈梁萧孔之文；凤翥龙翔，魏晋钟王之字。桃潭千尺，未足喻此深情；秋水一篇，差可方兹佳制。自当回环雒诵，什袭珍藏，常留鸿印之痕，藉志燕游之乐。唯是文成过誉，中多藻饰之词；室去临歧，难有琼瑶之报。瞻怀斯土，重晤何时？用修善笺，敬申菲谢。国立西南联合大学敬谢。"

1946年5月4日，最早一批北归的师生约有百余人，离开昆明，踏上北归路程：其余的人随后根据卡车的调度情况，分七批先后从昆明启程，最后一批人员于7月11日离开昆明。师生们按计划经贵阳、长沙、汉口、南京、上海、秦皇岛到天津、北平。经历了八年艰苦抗战，联大师生终于得以回返平津故园。然而，他们完全没有想到，回归之路竟然也那么艰难。

从贵阳、长沙、汉口路线北上的一批师生路途尤为不顺。他们一路颠簸，走走停停，第一站到贵阳便用了一周时间。经历了一路惊险，好不容易到达汉口，只有变成"回籍难民"才得以搭上到上海的轮船。一路上映入眼帘的尽是战后破败的凄凉景象。更让人忧心的是，内战已经在局部地区打响，铁路时断时通，师生们的安全丝毫得不到保障。有时从秦皇岛到北平竟然要走整整两天两夜，列车行走时还得先用铁甲车趟道，然后才敢前行。联大师生走遍大半个中国，历尽艰辛，终于回到了满目疮痍的母校。

在三校人员相继离滇北归之际，三校的校产也同时启运北上。由三校人员组成的校产押运人员经过紧张的忙碌，一百辆卡车的校产陆续装车启运。前后持续的时间竟达一年之久。先是运货的司机私自偷运毒品导致北回的校产半路被扣。接着而来的便是沿途的军警不断地前来寻麻烦，乘机敲诈勒索，三校的公物遭到沿途军警的野蛮搜查与恶意破坏，损失不小。更为令人寒心的是，学校一名负责押运工作的职员，因为不堪军警、宪兵、特务等各方不断地骚扰惊吓，在武汉竟然跳江自杀。这名老实巴交，工作勤勉的职员没有死在日本飞机的炸弹之下，却被这些贪官污吏夺去生命。

联大常委会于1946年7月31日召开第三八五次会议,这是西南联大最后一次常委会,它宣告西南联大九年的艰难而辉煌的历程就此画上了句号。

▲ 1945年8月15日，日本天皇宣布无条件投降后，中国各地一片欢腾，图为重庆群众在街头欢庆抗战胜利。（选自《中国人民抗日战争史录》）

◀ 1945年9月2日在美国太平洋舰队的旗舰密苏里号上日军参谋本部总参谋长梅津美治郎大将代表日本大本营在投降书上签字。（选自《第二次世界大战图史》）

▲ 1945年9月9日，侵华日军投降仪式在南京举行，日军支那派遣军总司令官冈村宁次（左）向国民党陆军总司令何应钦递交投降书。（选自《中国人民抗日战争史录》）

▼ 三校离昆复员北返,云南人民依依不舍。图为云南省商会和昆明市商会赠送北大、清华、南开三校的屏联。(北京大学校史馆提供)

博我以文日就月将惠此南国
仰之弥高察时垂象譬如北辰
万里朵封来截将时雨春风已
为迎方闻气运
留嘉荫咏清华
九年移帐去种得天南桃李长
天教振铎泽越南滇看到满门桃李已开时万金碧
湖山早添春色
抖擞早校曦光
夜话迎戎事同西土列诸欧洲文放庞兴史册乾坤

国立南开大学 云南省商会
校友会   昆明市商会敬赠

▲ 1946年5月4日国立西南联合大学在新校舍图书馆举行结业典礼。梅贻琦常委主持大会,他代表常委会在结业典礼上宣布西南联大正式结束。第一批复员学生百余人当天离昆北上。(北京大学校史馆提供)

◀ 位于云南师范大学的国立西南联合大学纪念碑，1946年5月4日落成。

国立西南联合大学纪念碑碑文

中华民国三十四年九月九日，我国家受日本之降于南京。上距二十六年七月七日卢沟桥之变为时八年；再上距二十年九月十八日沈阳之变为时十四年；再上距清甲午之役为时五十一年。举凡五十年间，日本所鲸吞蚕食于我国家者，至是悉备图籍献还。全胜之局，秦汉以来所未有也。国立北京大学、国立清华大学原设北平，私立南开大学原设天津。自沈阳之变，我国家之威权逐渐南移，惟以文化力量与日本争持于平津，此三校实为其中坚。二十六年平津失守，三校奉命迁于湖南，合组为国立长沙临时大学，以三校校长蒋梦麟、梅贻琦、张伯苓为常务委员，主持校务。设法、理、工学院于长沙，文学院于南岳，于十一月一日开始上课。迨京沪失守，武汉震动，临时大学又奉命迁云南。师生徒步经贵州，于二十七年四月二十六日抵昆明。旋奉命改名为国立西南联合大学，设理、工学院于昆明，文、法学院于蒙自，于五月四日开始上课。一学期后，文、法学院亦迁昆明。二十七年，增设师范学校。二十九年，设分校于四川叙永，一学年后并于本校。昆明本为后方名城，自日军入安南，陷缅甸，乃成后方重镇。联合大学支持其间，先后毕业学生二千余人，从军旅者八百余人。河山既复，日月重光，联合大学之战时使命既成，奉命于三十五年五月四日结束。原有三校即将返故居，复旧业。缅维八年支持之苦辛，与夫三校合作之协和，可纪念者，盖有四焉：我国家以世界之古国，居东亚之天府，本应绍汉唐之遗烈，作并世之先进，将来建国完成，必于世界历史居独特之地位。盖并世列强，虽新而不古；希腊、罗马，有古而无今。惟我国家，亘古亘今，亦新亦旧，斯所谓"周虽旧邦，其命维新"者也！旷代之伟业，八年之抗战已开其规模、立其基础。今日之胜利，于我国家有旋乾转坤之功，而联合大学之使命，与抗战相终始。此其可纪念者一也。文人相轻，自古而然，昔人所言，今有同慨。三校有不同之历史，各异之学风，八年之久，合作无间。同无妨异，异不害同，五色交辉，相得益彰，八音合奏，终和且平。此其可纪念者二也。万物并育而不相害，道并行而不相悖，小德川流，大德敦化，此天地之所以为大。斯虽先民之恒言，实为民主之真谛。联合大学以其兼容并包之精神，转移社会一时之风气，内树学术自由之规模，外来民主堡垒之称号，违千夫之诺诺，作一士之谔谔。此其可纪念者三也。稽之往史，我民族若不能立足于中原，偏安江表，称曰南渡。南渡之人，未有能北返者。晋人南渡，其例一也；宋人南渡，其例二也；明人南渡，其例三也。"风景不殊"，晋人之深悲；"还我河山"，宋人之虚愿。吾人为第四次之南渡，乃能于不十年间，收恢复之全功，庾信不哀江南，杜甫喜收蓟北。此其可纪念者四也。联合大学初定校歌，其辞始叹南迁流离之苦辛，中颂师生不屈之壮志，终寄最后胜利之期望。校以今日之成功，历历不爽，若合符契。联合大学之终始，岂非一代之盛事、旷百世而难遇者哉！爰就歌辞，勒为碑铭。铭曰：

痛南渡，辞官阙。驻衡湘，又离别。更长征，经峣嵥。望中原，遍洒血。抵绝徼，继讲说。诗书丧，犹有舌。尽笳吹，情弥切。千秋耻，终已雪。见仇寇，如烟灭。起朔北，迄南越。视金瓯，已无缺。大一统，无倾折，中兴业，继往烈。维三校，兄弟列。为一体，如胶结。同艰难，共欢悦。联合竟，使命彻。神京复，还燕碣。以此石，象坚节，纪嘉庆，告来哲。

注：抗日战争胜利后，北大、清华、南开三校准备北上复员，并决定在原址留碑纪念。1946年5月4日，西南联大师生在图书馆举行结业典礼后，到校园后山(今云南师范大学校园东北角)举行国立西南联合大学纪念碑揭幕式。这块碑由联大文学院院长冯友兰教授撰文、中国文学系闻一多教授篆额、中国文学系主任罗庸教授书丹。纪念碑碑文一千一百余字，简明地叙述了抗战及三校离合的经过，阐述了联大可以纪念的四个方面，通篇洋溢着浓厚的爱国热情，高度颂扬了中华民族抗日战争取得的空前伟大胜利，充分抒发了对"我国家"未来"旷世伟业"满怀信心的壮志豪情，气势宏伟，让人一诵难忘，被称之为"三绝碑"。

第10章 胜利北返

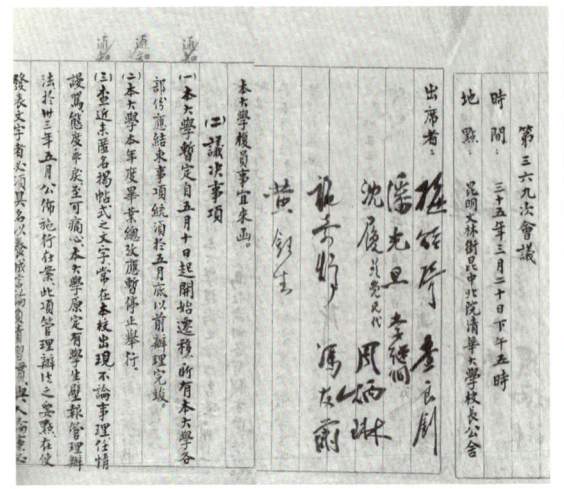

▲ 常委会第三六九次会议议决自1946年5月10日开始迁移北返。〔北京大学档案馆提供〕

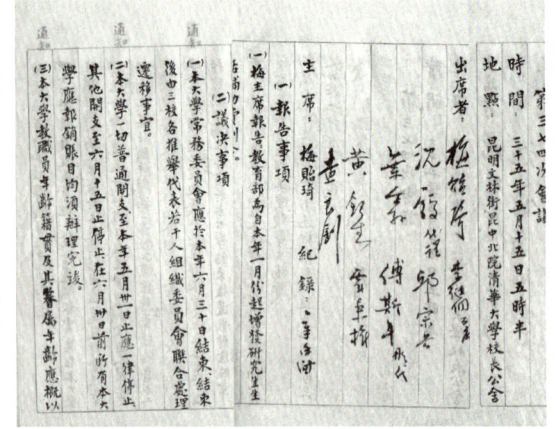

▲ 常委会第三七四次会议决常委会应于1946年6月30日结束。并由三校推举代表若干组成委员会，处理迁移事宜。〔北京大学档案馆提供〕

▲ 国立西南联合大学结束纪念章。〔北京大学校史馆提供〕

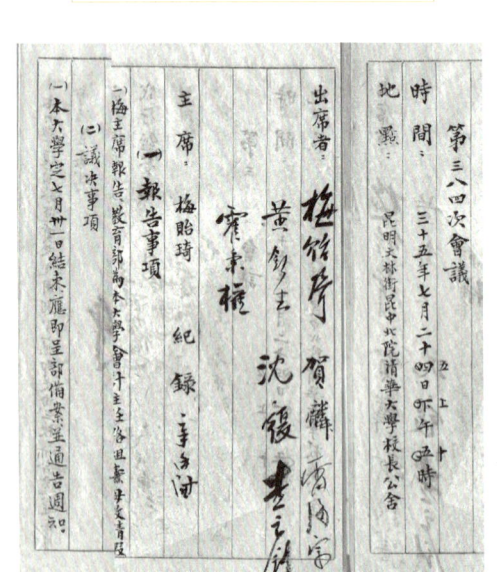

▲ 北大、清华和南开三大学谢云南省、昆明市商会致送惜别屏联函。〔北京大学校史馆提供〕

◀ 常委会第三八四次会议议决西南联大定于1946年7月31日结束。〔北京大学档案馆提供〕

第 10 章 胜利北返

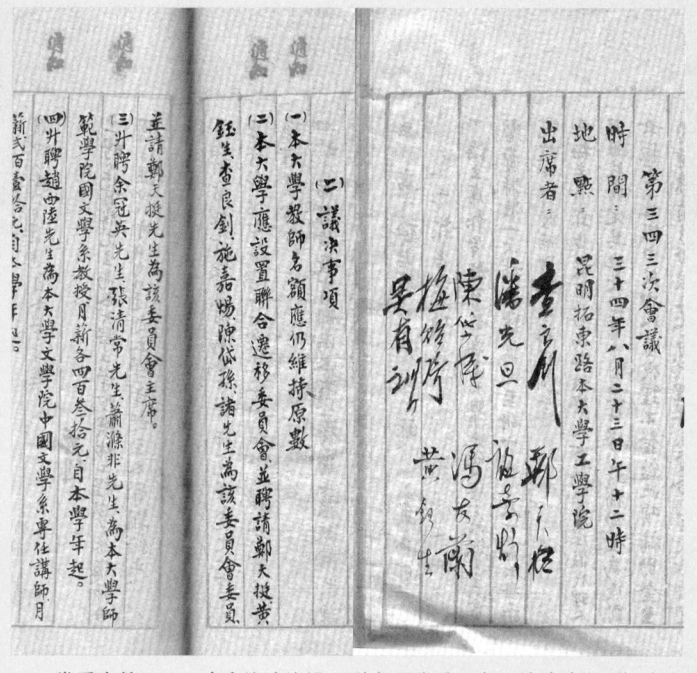

▲ 常委会第三四三次会议决议设立联合迁移委员会，并聘请郑天挺先生为该委员会主席。（北京大学档案馆提供）

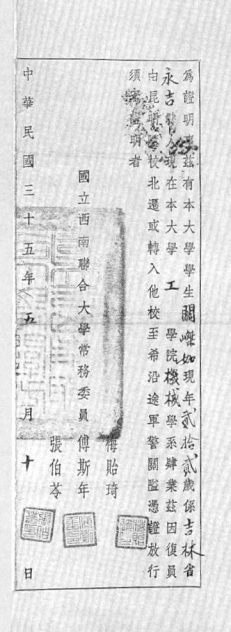

▲ 联大北返学生通行证。（北京大学校史馆提供）

常委会第三七二次会议议决北返路费薪金发放等事宜。

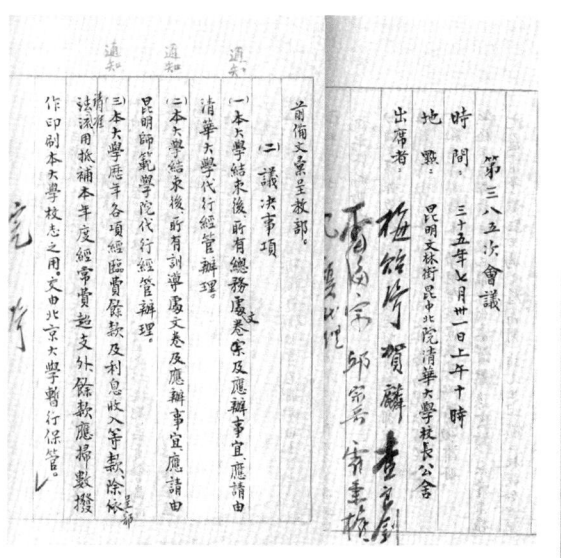

常委会第三八五次会议决本大学结束后所有总务处、训导处及历年经费等项事宜分别由清华大学、昆明师范学院及北京大学代为办理。

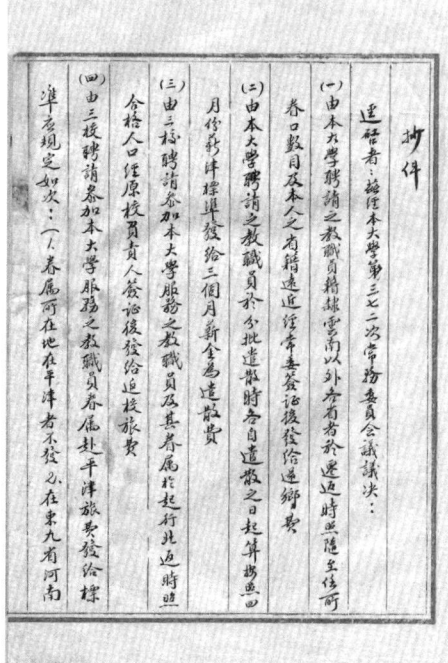

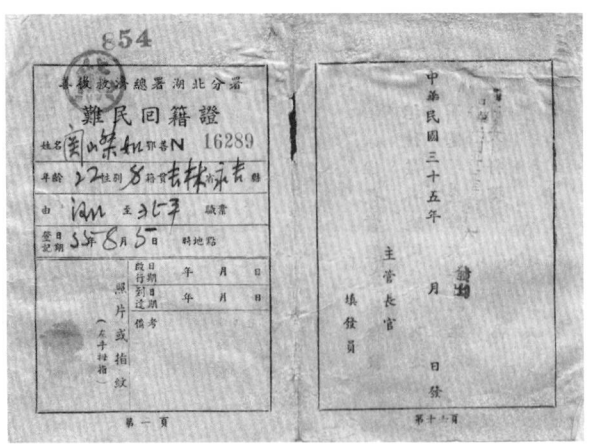

▲ 从武汉到上海乘坐美军登陆艇所使用的善后救济总署发给的难民回籍证。（关嶷如提供）

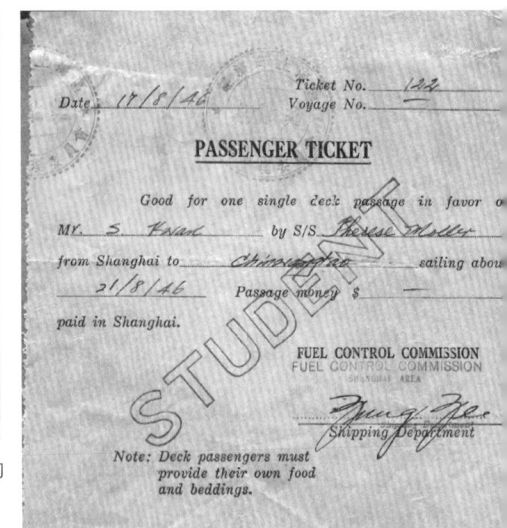

▲ 从上海到秦皇岛乘坐开滦空返煤轮的船票。（关嶷如提供）

▶ 北大校友李孤帆（上海航政局局长）为安排联大同学北返乘船事宜致胡适校长函。（北京大学档案馆提供）

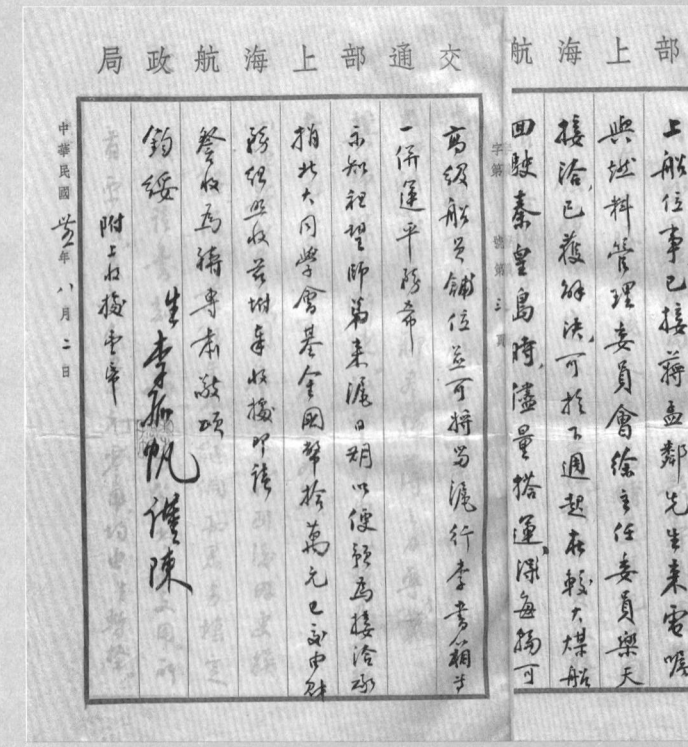

适之校长先生钧鉴：忝滥时承嘱兴清华同学会合办联大同学北上船位事，已接蒋孟邻先生来电嘱与旅沪料管委员会徐主任委员乐天接洽已获解决，可搭下週起本航大煤船回驶秦皇岛时酌量搭运，深每船可一俟运平腾再高级舱位鋪位尽可搭与沪行李等箱子。永知祁望师弟来沪日，胡以便轻马接洽，捐北大同学会基金国幣拾万元已交由中孚銀行收據叩请，務祈叱收存储为荷專耑敬頌

鈞綏

晚 李孤帆謹陳

中華民國卅五年八月二日

附上收据壹紙

▲ 西南联大发给师生北返途中使用的行李标签。〔关嵘如提供〕

▼ 从秦皇岛到北平的火车行李标签。〔关嵘如提供〕

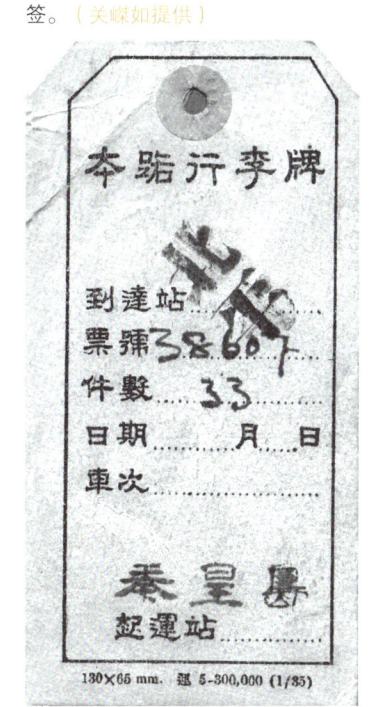

▲ 1947年2月，三校复员公物在湘江码头装船转运至武汉、上海。〔西南联大北京校友会提供〕

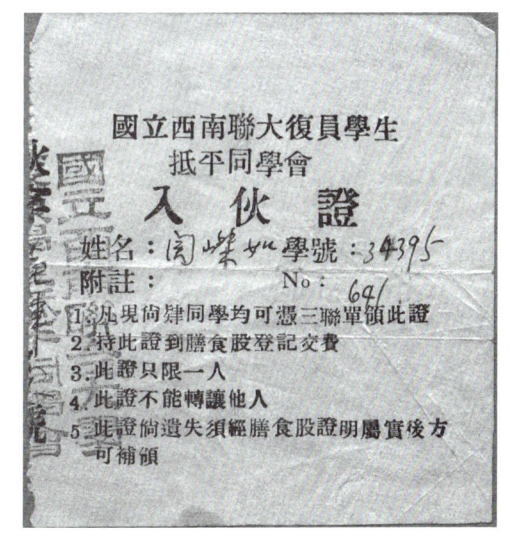

▶ 返平后在北大四院暂留期间，联大复员学生抵平同学会入伙证。〔关嵘如提供〕

国立西南联合大学图史

第11章

留芳于滇

第11章 留芳于滇

西南联大虽然于1946年5月4日宣告结束，但在日寇投降之时，师生们就准备着复员北返，希望早日回到企盼已久的家园，"联合竟，使命彻。神京复，还燕碣"。但是，国民党反动派占用交通线，忙于调兵遣将去发动全面内战，因此复员之举不得不暂时搁置了一年。其实还在抗战的中后期，西南联大的常委会就议论过复员事宜，西南联大的文学院、理学院、工学院、法商学院都有归宿，只有师范学院是到昆明后，应云南社会各界要求、经教育部批准开办的，不属于三校中的任何一校。根据教育部的意见，所有依附于搬迁的国立大学师范学院都要独立设置，独立设置之后，西南联大师范学院将改名为国立西南师范学院。就云南方面而言，实在是值得庆幸的事情，云南省政府主席龙云、教育厅厅长龚自知就多次与西南联大进行磋商。为此，师范学院院长黄钰生先后起草了《筹设国立西南师范学院之原则与步骤》、《关于在云南省境设立师范学院的意见》呈报常委会，认为国立大学师范学院在抗战期间应保持其全国性，到抗战胜利后再独立设置。教育部基本上同意了这一方案。抗战胜利后，当年8月20日，黄钰生第三次呈文常委会，提出了处理师范学院的三种办法，认为师范学院的独立应着手进行。

师范学院独立设置，有两大难题。其一，师资。西南联大在昆明诞生后仅三月，教育部就令国立西南联大设立师范学院，从任命院长到正式开学，只有四个月时间，又因办学经费的困难，因此师范学院的教师大都是从联大聘请的兼任教师。现在抗战胜利了，这些兼职教师都要复员，留下少数的专任教师难于支撑师范学院。为此，在上述第三个呈文中，黄钰生提出"三校如何支持师范学院亦需明白"。其二，学生。因为教师复员，学生担心自己的学业受影响，纷纷要求跟随三校到北方就读。所以呈文提出，希望学校"遵照部令，仿效其他大学之成例"，这一要求也得到了学校认可。

在西南联大第三八〇次常委会上，成立了"师范学院独立设置委员会"。为着解决师资问题，在师范学院院长人选（查良钊）确定之后，即与北大、清华、南开签订了教学合作办法八条，还制订了《国立昆明师范学院教师服务及待遇规程》以吸引更多的教师。为着师范学院的名称，查良钊与教育部部长频繁往来信件，查良钊得知独立设置的师范学院名"国立昆明师范学院"，认为应名"国立西南师范学院"，只取消"联大"二字，但却表明了二者的血缘关系，但教育部不准。1946年8月1日，"国立昆明师范学院"正式成立，校舍即用西南联大新校舍。关于师资，在三校复员的时候，常委会动员了一些教授留在云南，包括罗庸、蒋硕民、蔡维藩、杨武之、许浈阳等；但留在云南的教授中，有的到了云南大学任教，因此师范学院的教师数量还是不多。于是，查良钊创立了"学季制"，将一学年分为四学季，不与其他大学的寒暑假重叠，使三校或其他大学的教师能够到昆明师范学院任教，这无疑是一种创新，也是因时制宜、因地制宜的产物，然而就在第三学季开始不久，教育部为统一全国高等学校招生、放假、开学、上课，电告昆明师范学院取消学季制，师范学院也无可奈何。至云南和平解放，师范学院仅仅开设了三年，还没有属于自己的毕业生。全国解放后，根据国家规定，"国立昆明师范学院"取消"国立"二字，称为"昆明师范学院"。1984年，经云南省政府批准，"昆明师范学院"更名为"云南师范大学"，云南人民一直把昆明师范学院、云南师范大学看成不走的西南联大倍加珍爱。这是后话。

联大在做好本身工作的同时，还应云南大学熊庆来校长之请，先后有陈省身、华罗庚、曾昭抡、赵忠尧、张青莲、冯景兰、冯友兰、汤用彤、吴晗、赵诏熊、吴征镒等联大教师到云大

授课。云大在几年间由1937年的2院7系扩展为5院18系、3个专修科、3个研究室，还有附设医院、天文台、农场等。曾在云大兼课的数学大师陈省身的亲身感受是："云大与联大是共患难共发展的兄弟学校"。

联大还与云南省教育厅合作，举办了中等学校在职教员晋修班、理化实验讲习班、暑期各科教员讨论会、西南讲座等，尽力提高中等学校在职教员的水平，基本上缓解了云南中等学校"师资严重荒缺"的状况。西南联大还办了附属学校，包括附属中学、附属小学，西南联大附属中学办得很成功，为云南的中等学校树立了楷模。西南联大同籍贯的学生相约创办私立中学，既解决了学生的就业，又促进了云南教育的发展。据统计，云南私立中学在抗战期间涌现出22所之多，超过了公立中学的数量。例如，西南联大江西籍的同学创办了天祥中学，东北籍的同学创办了长城中学，贵州籍的同学创办了黔灵中学，广东籍的同学创办了粤秀中学，湖南籍的同学创办了松坡中学，安徽籍的同学创办了建设中学，云南籍的同学创办了五华中学和金江中学；此外还有建国中学、峨岷中学、龙渊中学、大同中学、培文中学、明德中学等也都是联大学生创办的。翻译家许渊冲、诺贝尔奖得主杨振宁、"国家最高科技奖"得主黄昆等联大学生还在云南一些县的中学兼任过教师，有的还担任过中学校长、教务主任等。联大学生还创办了民众夜校，既教文化知识，又宣传抗日。

西南联大的学生利用假期，组织了边疆教育工作团、教育考察团，到一些县去考察当地教育，既肯定成绩，又指出存在的问题，还提出解决的办法，很受欢迎。

联大在滇九年，对发展和提高当地乃至大西南地区的文化教育、科学技术，转移社会风气等都做出了积极的贡献。正如《公送国立西南联合大学北归复校序》中所说："联合大学之于滇，自师范学院、附属中学之设立,本省各级学校之协助,学术公开之演讲以及公私经画之匡襄,庶政百业之赞导,既至繁巨,不可以悉举……"总之联大"留滇九年,凡所以导扬文化,恢宏学术者无不至,一时文教之盛,遂使昆明屹然为西南文化之中心"。

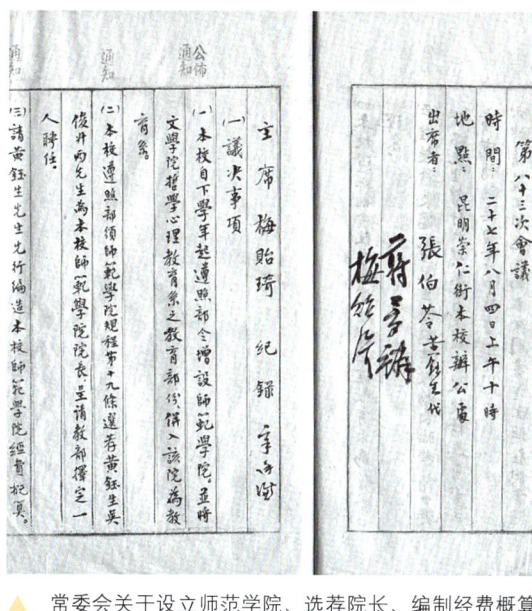

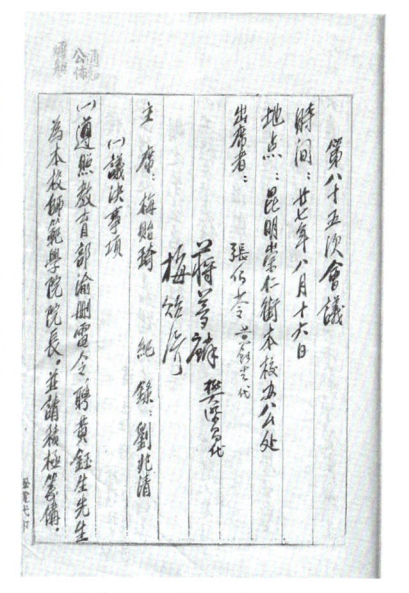

▲ 常委会关于设立师范学院、选荐院长、编制经费概算的决议。〔北京大学档案馆提供〕

▲ 常委会关于聘请黄钰生先生为师范学院院长的决议。〔北京大学档案馆提供〕

▼ 教育部关于聘请黄钰生先生为联大师院院长的电文。〔选自《西南联合大学纪念册》〕

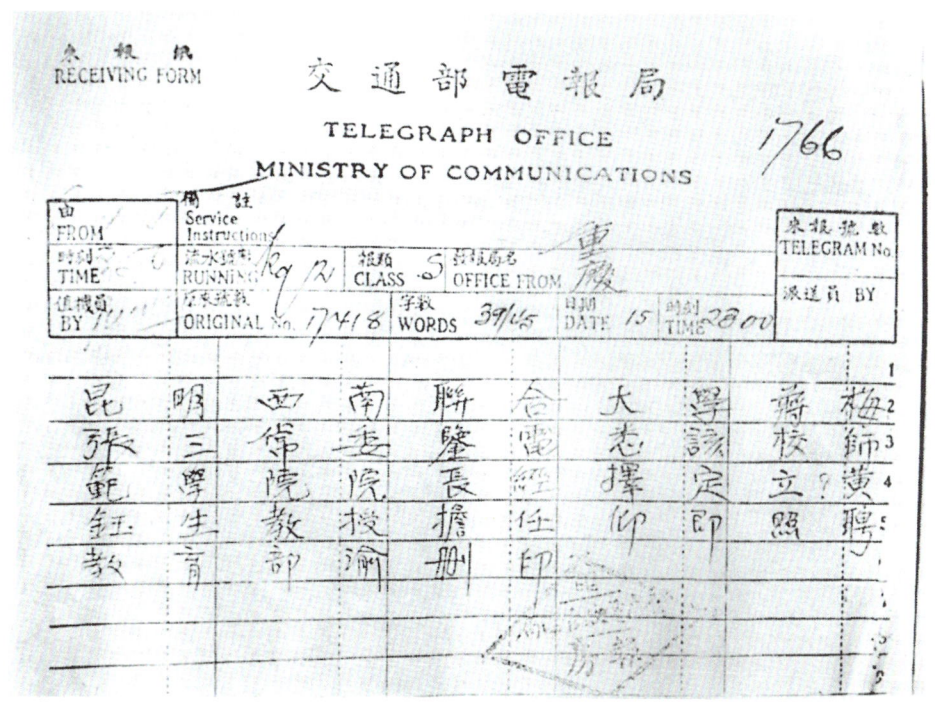

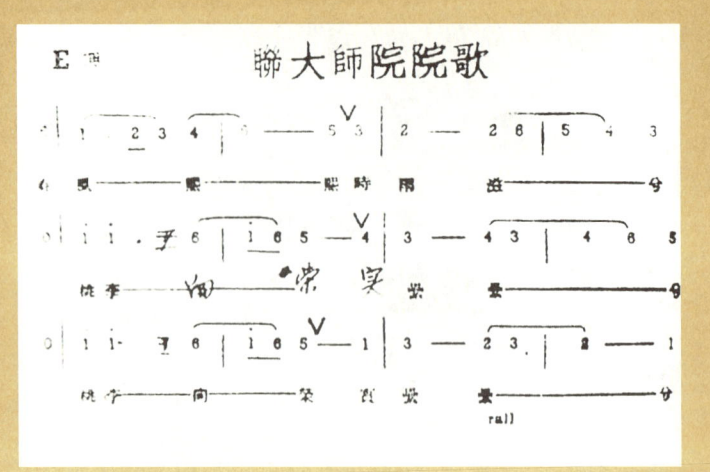

▲ 西南联大师院院歌。（选自《西南联合大学纪念册》）

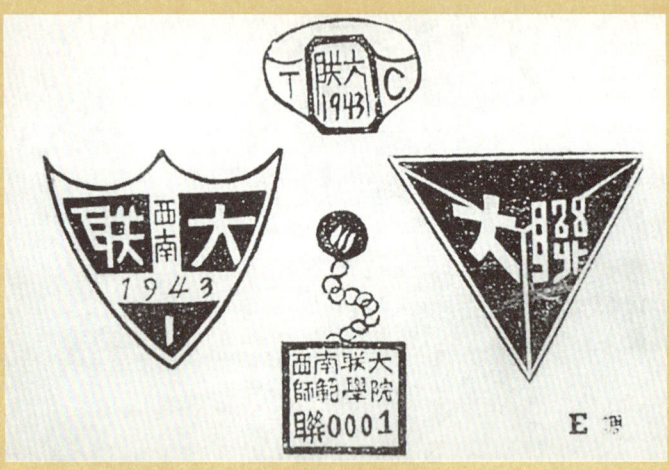

▲ 西南联大师院学生佩戴的校徽、级徽、纪念戒指、纪念章。（选自《西南联合大学纪念册》）

▼ 联大师院所在地——昆华工校。（选自《西南联合大学纪念册》）

▲ 昆明师范学院成立时全体教职员的合影。（西南联大北京校友会提供）

▲ 联大师院贵州同乡欢送钱、吴、张、李等毕业纪念。（钱惠濂提供）

第11章 留芳于滇

▲ 为纪念西南联大结束和昆明师范学院成立，师生举行联欢活动，这是联欢活动后的纪念照。〔选自《西南联合大学纪念册》〕

▶ 西南联大为移交有关文卷致国立昆明师范学院函。〔杨立德提供〕

▼ 梅贻琦题写的"国立昆明师范学院"石标。〔陈旭提供〕

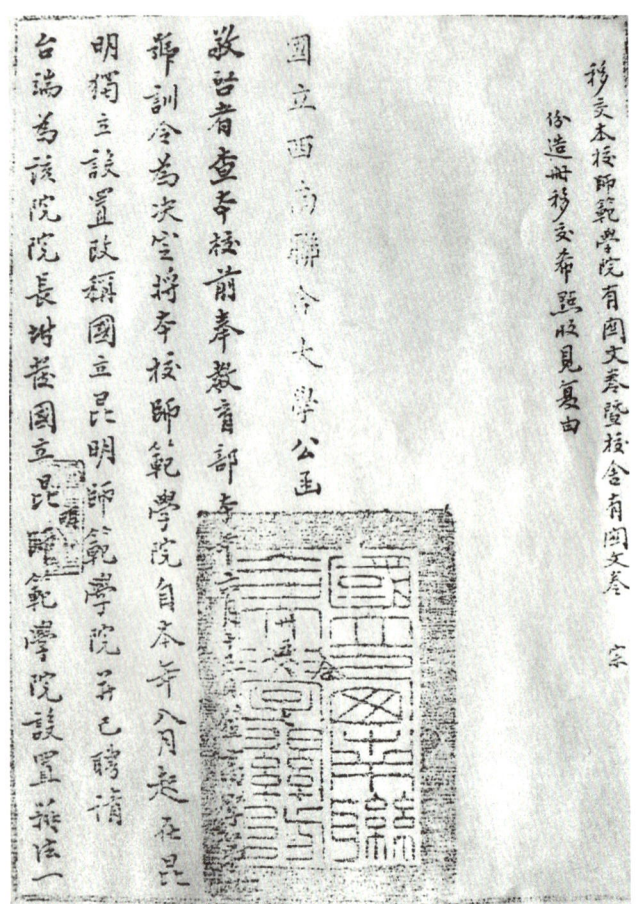

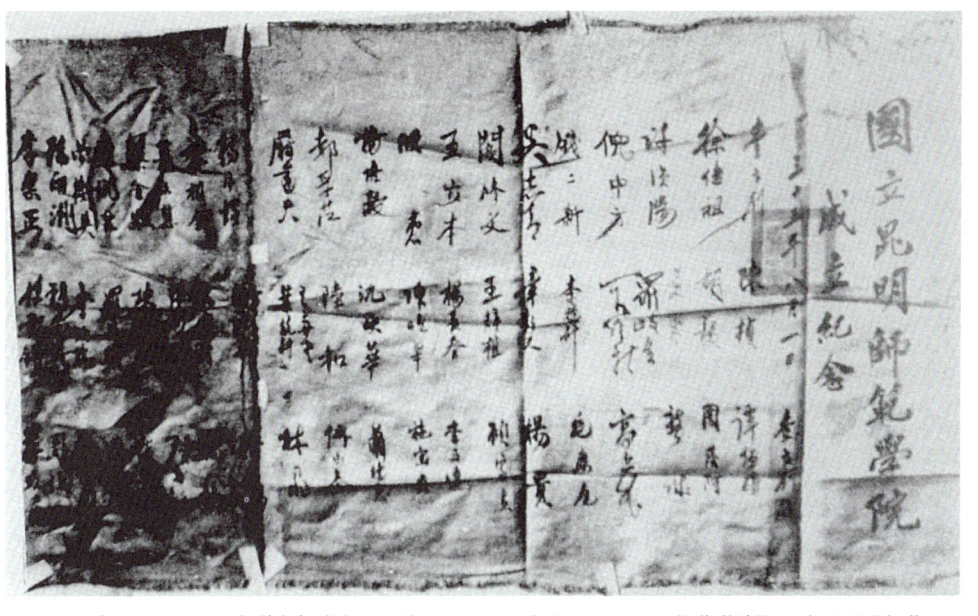

▲ 1946年8月1日，西南联大师院在昆明独立设置，更名为"国立昆明师范学院"。这是昆明师范学院成立纪念的"签名布"。〔选自《西南联合大学纪念册》〕

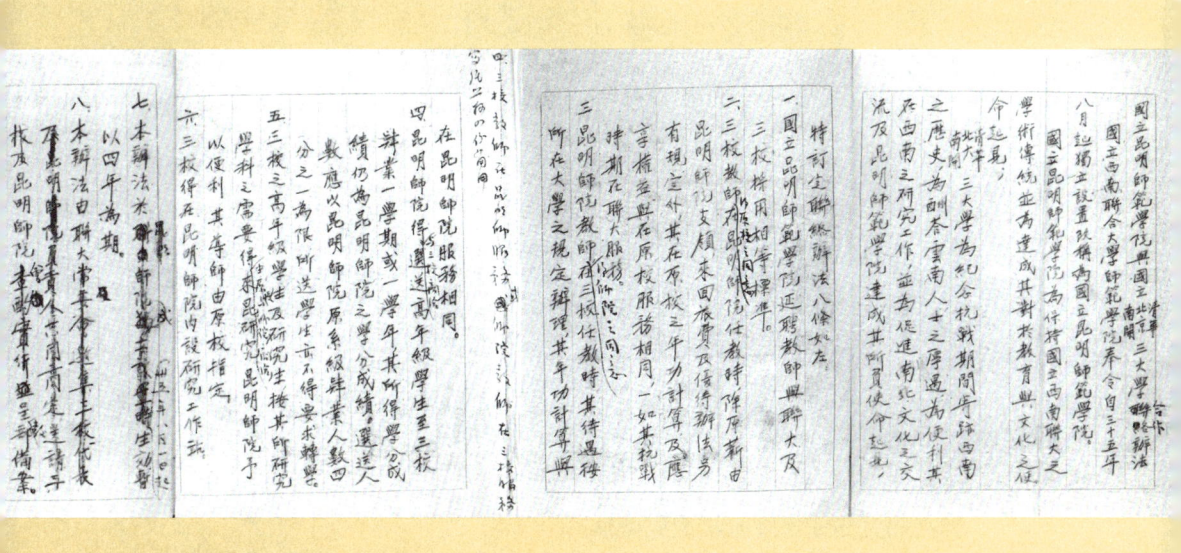

▲ 昆明师范学院与北大、清华、南开合作办法。〔北京大学校史馆提供〕

第十一章　留芳于滇

▲ 昆明师范学院校门。（杨立德提供）

▼ 昆明师范学院校徽。（杨立德提供）

▶ 国立昆明师范学院院长查良钊先生。查良钊，字勉仲，浙江海宁人。曾任联大学生生活指导委员会委员、防空委员会委员、训导长、师范学院院长等职。因为他常在学生中间，与学生忧乐在一起，被称为"孩子头"。（杨立德提供）

1984年4月11日,昆明师范学院更名为云南师范大学。(西南联大北京校友会提供)

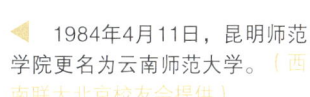

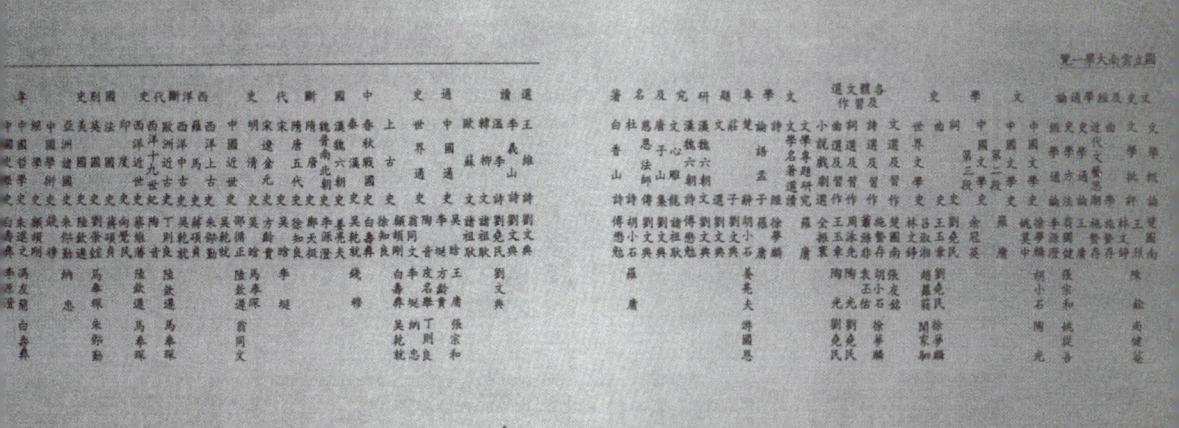

联大教员吴晗、刘文典、罗庸、郑天挺等名列云南大学教职员录中。(选自《云大流金》)

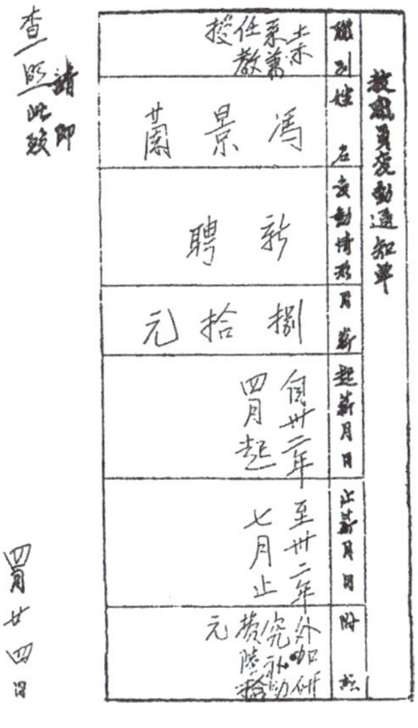

云南大学聘任联大教员冯景兰为兼职教授的通知单。(云南大学党史校史办公室提供)

罗庸先生在云南大学讲授中国文学史课学生傅懋勣的听课笔记。(罗式刚提供)

第11章 留芳于滇

云大与联大是共患难共发展的兄弟学校

陈省身
2004三月

▲ 陈省身先生题词。（云南大学党史校史办公室提供）

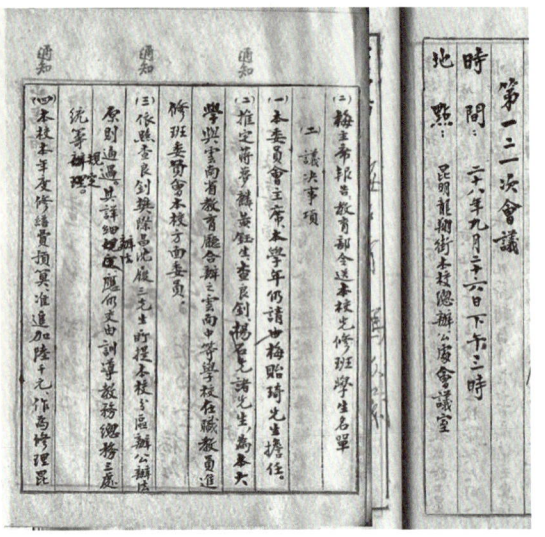

▲ 常委会第一二一次会议决推定蒋梦麟等为本校与云南省教育厅合办之云南中等学校在职教员进修班委员会委员。（北京大学档案馆提供）

▼ 常委会第一一二次会议决同意云南省教育厅函商合办本省中等学校师资晋修班。（北京大学档案馆提供）

第十一章 留芳于滇

国立西南联合大学与云南教育厅合办云南省中等学校在职教员进修班办理原则。〔北京大学档案馆提供〕

1946年许渊冲（后排左一）任昆明天祥中学教务主任兼高三级导师，与高三球队摄于天祥中学。〔许渊冲提供〕

民国二十八年至二十九年度（1939～1940年）云南省中等教师进修班所设国文课程及联大任课教师。陈寅恪、刘文典等名师均名列其中。〔北京大学档案馆提供〕

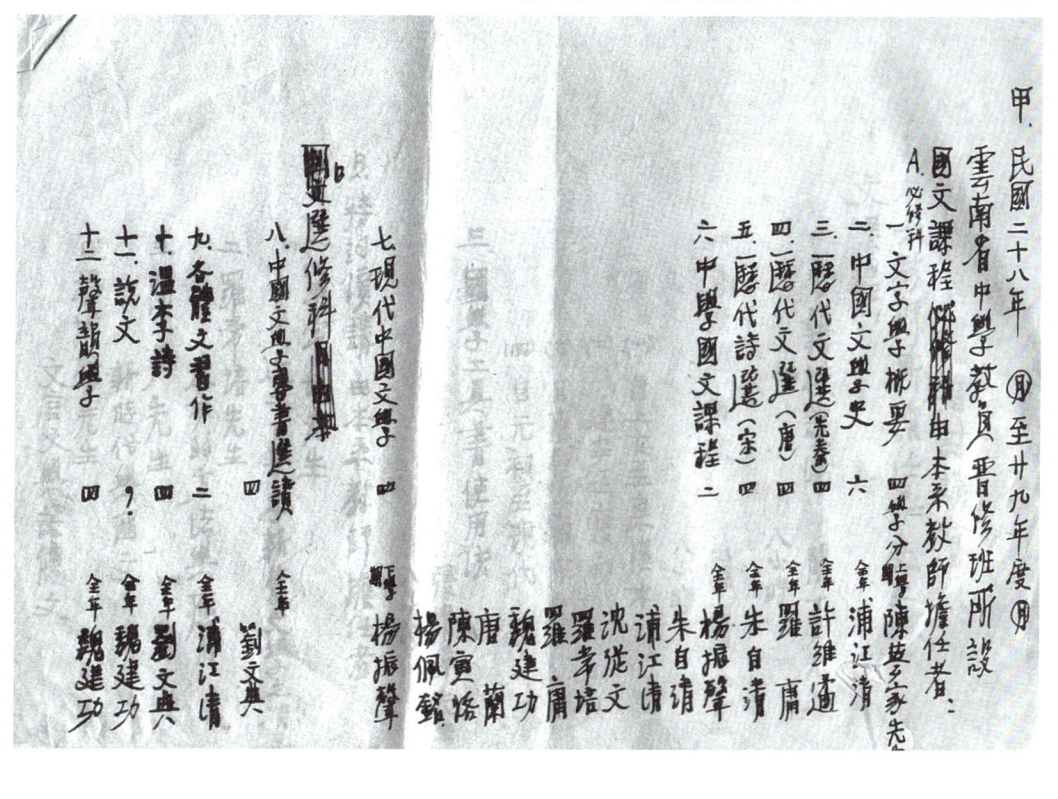

▶ 吴晗（前排左五）、闻一多（前排左六）与建国中学部分师生合影。（选自《诗人 学者 民主斗士——闻一多》）

▼ 1940年6月21日，云南省教育厅、国立西南联大合办中教晋修班国文组教职员暨毕业学员合影（罗庸教授因事缺席）。二排左起：许维遹、浦江清、罗廷光、张季材、黄钰生、罗常培、冯友兰、查良钊、唐兰、沈从文。（西南联大北京校友会提供）

▲ 蒙自分校的北大同学所办民众夜校师生合影。该校招收学生五十余人，北大学生利用课余到校授课。（北京大学校史馆提供）

▶ 1945年，私立昆明五华中学高中第二班毕业合影。前排左五朱自清、左六于乃义、左八王瑾；二排左九吴征镒。〔选自《抗战时期文化名人在昆明·一》〕

国立西南联合大学图史

第 12 章

桃李芬芳

国立西南联合大学仅有短短九年的历史，却培养了大量人才，成绩斐然。九年中先后在校的学生约8000人，其中毕业本科生3732人，研究生78人。

联大学生在强烈的爱国主义精神指导下，在"刚毅坚卓"校训和联大校歌的激励下，在教师们科学精神和敬业精神的熏陶下，坚信抗战必胜，在极其艰苦的物质环境中，毫不动摇，以对国家、对民族的高度责任感，或投笔从戎，直接参加抗战工作；或为战后的百废待兴勤奋学习，努力使自己成为建设国家的有用之才。联大学生中有何懋勋（何方）、潘琰、李鲁连、钟青援（钟汉光）、钱泽球、曾庆铨、王昊（王筱石）、钟泉周、吴国珩（吴开寿、吴汉平）、江文焕（江涵）、齐亮、刘国鋕、荣世正、陈月开（陈海、陈海光）、陈虞陶等15位（依牺牲年排序）为国捐躯献出宝贵生命的烈士，最小的仅有18岁，平均年龄也才不到27岁。他们在校时就是思想进步的学生，在刻苦学习的同时，积极参加抗日宣传和爱国民主运动。他们中有的在抗日战场上牺牲，有的在爱国民主运动中被敌特杀害，有的在解放战争的沙场上捐躯，有的在建国初期巩固政权的斗争中献身。他们的事迹感人至深，催人泪下。烈士齐亮，中学时加入中国共产党，在联大读书时常常默默地为同学做好事，在同学中受到很高的赞誉，成为联大同学公认的最有威信的学生领袖。并因学习成绩名列前茅，受到罗常培等教授的赏识。1949年1月由于叛徒出卖被捕，关押在"中美合作所"渣滓洞监狱，在狱中他和难友们一起进行英勇斗争，重庆解放前夕被特务杀害于重庆岚垭，时年27岁。烈士刘国鋕，在校读书时加入中国共产党，做了很多党内工作。1944年毕业后，断然拒绝其兄愿供他到美国留学的机会，积极参加革命工作。1948年4月因叛徒出卖被捕，关押在重庆"中美合作所"白公馆，在狱中受尽酷刑，仍坚贞不屈。其兄专程从香港赶来花重金与他见了面，特务头子要他签个字，脱离共产党即可释放。其兄也流泪相劝，他毫不犹豫地回答："要我脱离共产党，办不到！"并对其兄说："你走吧，不用管我了。"说毕，掉头而去。重庆解放前夕被特务杀害，时年27岁。临刑时他高呼"革命一定成功！中国共产党万岁！"从容就义。小说《红岩》中的刘思扬就是以他为原型塑造的。烈士荣世正，在校时努力学习，成绩优秀，积极参加进步活动，1945年春加入"民主青年同盟"。离校后，在斗争中加入了中国共产党并从事地下工作。因叛徒出卖，于1948年6月被捕，关押在重庆"中美合作所"渣滓洞，在狱中他团结难友与敌人进行斗争。他不顾个人安危，常常把生的希望让给别人，把死的危险留给自己，从不动摇革命信念。重庆解放前夕被特务杀害，时年29岁。根据现有资料，在抗日战争中殉职的西南联大的学生还有黄维、缪弘、曾仪、吴若冲、朱谌、戴荣钜、王文、吴坚、崔明川、李嘉禾、朱晦吾、沈宗进、杨大龄、雷本端等14人。革命烈士们的斗争事迹和英勇献身精神，将永远激励着后人。他们是中华民族的骄傲，人们永远怀念他们。

西南联大造就了一大批人才，有许多人后来成为教育、文化、科学、技术、国防、政治、经济等各条战线各部门的骨干力量。有些成为著名学者和学科带头人，其中有的成为国际一流学者。有些成为此后几十年中推动我国科学技术事业与国际接轨的杰出科学家和工程师。有些人文社会科学的学者，呕心沥血撰写出推动本学科发展的传世之作。有些成为各级乃至国家的领导者。他们对我国的建设和发展做出了突出贡献。

西南联大研究生和本科生中，后来被评为中国科学院院士（学部委员）、中国工程院院士和外籍院士的就有90人之多。其中：（依数学物理学部、化学部、生物学部、地学部、技术科

学部之序排列，同一学部按当选院士时间排序，同一时间按出生年排序）

中国科学院院士：钱伟长、王湘浩、胡宁、黄昆、郭永怀、沈元、李整武、李荫远、萧健、洪朝生、戴传曾、徐叙瑢、陈彪、邓稼先、黄祖洽、朱光亚、廖山涛、李德平、万哲先、严志达、应崇福、唐敖庆、萧伦、朱亚杰、曹本熹、申泮文、何炳林、陈茹玉、汪家鼎、张滂、余国琮、吴征镒、王伏雄、王世真、陆宝麟、沈善炯、钮经义、邹承鲁、黄绍显、谷德振、贾福海、宋叔和、叶笃正、王鸿祯、谢义炳、池际尚、董申保、穆恩之、刘东生、关士聪、顾知微、马杏垣、张炳熹、涂光炽、郝诒纯、王仁、陈庆宣、陈梦熊、杨起、於崇文、吴仲华、孟少农、陈芳允、吕保维、张恩虹、常迥、李敏华、林为干、王补宣、黄宏嘉、郑哲敏、王守觉、潘际銮、卢肇钧、屠守锷、吴全德、唐稚松、王希季。

中国工程院院士：朱光亚（双院士）、郑哲敏（双院士）、黄培云、陈力为、高鼎三、韩德馨、龙驭球、李鹗鼎、叶铭汉、吴佑寿、陈士橹、沈渔邨。

中国科学院外籍院士：李政道、杨振宁。

1999年9月18日，中共中央、国务院、中央军委在人民大会堂隆重举行表彰授奖大会，向23位在"两弹一星"研制中做出突出贡献的优秀科学家授予"两弹一星功勋奖章"。在这23位科学家中有六位是西南联大的学生。他们是：郭永怀、陈芳允、屠守锷、王希季、邓稼先、朱光亚（依出生年排序。西南联大还有赵九章、杨嘉墀两位教师获此奖章）。其中郭永怀对跨声速理论及粘性流动理论有重大贡献，是我国近代力学研究的组织者和奠基人之一，对我国核武器研制做出卓越的贡献，当选为首批学部委员。邓稼先是我国核武器理论研究的奠基人和开拓者之一，是研制和发展核武器主要技术组织者之一，1980年当选为中国科学院学部委员。参加中国第一代核武器研制的西南联大学生还有：方澄（冯钟潜）、贺联奎、王龙生、黄祖洽、董寿莘、孙瑞蕃、陆祖荫、李方训等。当时这项工作保密是极为严格的。他们在工作和生活条件非常艰苦的大西北，在多年与家人分居两地的岁月中，默默地为国家做出了奉献。

　　2000年国务院开始颁发"国家最高科学技术奖"。至2003年度的4个年度中，获奖者共有7人，其中就有两名是联大的学生：黄昆和刘东生。黄昆教授是国际著名固体物理学家，是我国固体物理和半导体物理学科的开创者之一，1955年被聘为中国科学院数理化学部委员，1980年当选为瑞典皇家科学院院士，1985年被选为第三世界科学院院士，获2001年度"国家最高科学技术奖"。刘东生研究员是我国环境地质研究的开创人之一，1980年当选为中国科学院学部委员，1991年当选为第三世界科学院院士，1996年当选为欧亚科学院院士，获2002年度"国际泰勒环境成就奖"，成为获此殊荣的首位中国大陆科学家。他还被认为是中国黄土研究的先驱，在黄土研究方面做出大量的原创性研究成果，使中国在古全球变化研究领域跻身世界前列，获2003年度"国家最高科学技术奖"。

　　1957年12月10日，瑞典斯德哥尔摩音乐大厅，瑞典国王给两位中国青年颁发"诺贝尔物理学奖"的奖章和证书。这两位年轻人就是西南联大毕业的学生李政道和杨振宁。当时全世界的华人为之惊喜、振奋、骄傲。李政道和杨振宁于1956年共同提出弱相互作用中宇称不守恒原理，共同获得1957年"诺贝尔物理学奖"。这一原理彻底改变了人类对对称性的认识，为人们正确认识微观粒子世界开辟了新天地。

　　他们是中华民族的精英，是国家的骄傲，也是西南联大的骄傲。联大的学生对国家、对民族做出了卓越的贡献，不负母校的培育之恩。他们也为自己是联大的学生而自豪。柴如金校友在《校庆忆旧》一文中写道："我不能忘记这所大学，它确实既不得了，又了不得（林语堂曾说：联大师生物质上不得了，精神上了不得！）。它是20世纪中国的骄傲。我幸运，我曾是它的学生。半个多世纪倏然飞逝，我仍常思念它。"

中国科学院院士（学部委员）、中国工程院院士与外籍院士

▲ 钱伟长　王湘浩　胡　宁　黄　昆　郭永怀
　沈　元　李整武　李荫远　萧　健　洪朝生
　戴传曾　徐叙瑢　陈　彪　邓稼先　黄祖洽
　朱光亚　廖山涛　李德平　万哲先　严志达

▲ 应崇福　唐敖庆　萧　伦　朱亚杰　曹本熹
　 申泮文　何炳林　陈茹玉　汪家鼎　张　滂
　 余国琮　吴征镒　王伏雄　王世真　陆宝麟
　 沈善炯　钮经义　邹承鲁　黄劭显　谷德振

中国科学院院士（学部委员）、中国工程院院士与外籍院士

▲ 贾福海　宋叔和　叶笃正　王鸿祯　谢义炳
　池际尚　董申保　穆恩之　刘东生　关士聪
　顾知微　马杏垣　张炳熹　涂光炽　郝诒纯
　王　仁　陈庆宣　陈梦熊　杨　起　於崇文

▲ 吴仲华　孟少农　陈芳允　吕保维　张恩虬
　常　迵　李敏华　林为干　王补宣　黄宏嘉
　郑哲敏　王守觉　潘际銮　卢肇钧　屠守锷
　吴全德　唐稚松　王希季　黄培云　陈力为

中国科学院院士（学部委员）、中国工程院院士与外籍院士

▲ 高鼎三　韩德馨　龙驭球　李鹗鼎　叶铭汉
　　吴佑寿　陈士橹　沈渔邨　李政道　杨振宁

◀ 郭永怀　陈芳允　屠守锷
　　王希季　邓稼先　朱光亚

两弹一星功勋奖章获得者

▲ 2002年2月1日，国家主席江泽民向黄昆院士颁发了2001年度"国家最高科学技术奖"。（北京大学校史馆提供）

▲ 2004年2月20日，胡锦涛主席向刘东生院士颁发了2003年度"国家最高科学技术奖"。（北京大学校史馆提供）

▲ 2002年4月，刘东生院士在美国洛杉矶南加州大学获"国际泰勒环境成就奖"后回到首都机场，受到同事们的热烈欢迎。（刘东生提供）

▲ 此图是黄昆教授于1998年为祝贺吴大猷先生荣获美国密歇根大学荣誉博士的一次理论讨论会上所写论文中，用漫画形式绘制的插图。它形象地展示出吴大猷先生在西南联大极其艰苦的条件下，在岗头村创建的进行拉曼（Raman）光谱研究的实验室及吴先生住宅的简况，也表达了黄昆教授对恩师和那段难忘岁月的无限怀念之情。图中前面是一排五间的小屋，吴先生夫妇住在右端的一间，黄昆教授住在左端的一间，后面是实验室，里面放着利用从北平带去的大型摄谱仪光学元件和砖墩木架装成的摄谱仪。由黄昆教授住的小屋后门可以进入实验室。图中还有一头小猪，表达了当时艰苦的生活。此图还表示出吴先生要黄昆教授精读的书是Condon-Shortly的经典的《原子光谱理论》。（选自《黄昆文集》）

▲ 1957年12月10日,杨振宁(左一)和李政道(左二)在诺贝尔奖颁奖典礼上。(选自《杨振宁传》)

▼ 师生情深意笃。吴大猷先生(左)与李政道教授(右)。(选自《庆祝西南联合大学成立65周年纪念特辑》)

◀ 陈省身老师九十一岁时为八十岁的学生杨振宁举杯祝寿。(选自《庆祝西南联合大学成立65周年纪念特辑》)

（1917～1938） （1915～1945） （1927～1945） （1920～1945） （1920～1948）

（1924～1948） （1920～1948） （1919～1949） （1921～1949） （1919～1949）

（1922～1949） （1922～1949） （1920～1949） （1923～1950） （1921～1950）

为国捐躯的革命烈士

▲ 何懋勋（何 方） 潘 琰 李鲁连 钟青援（钟汉光） 钱泽球
  曾庆铨 王 昊（王筱石） 钟泉周 吴国珩（吴开寿、吴汉平） 江文焕（江 涵）
  齐 亮 刘国鋕 荣世正 陈月开（陈 海、陈海光） 陈虞陶

▲ 西南联大社会学系1942级毕业生合影。（北京大学校史馆提供）

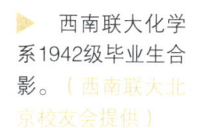

▶ 西南联大化学系1942级毕业生合影。（西南联大北京校友会提供）

▲ 西南联大师院教育系1943级毕业生合影。（选自《西南联合大学纪念册》）

▲ 西南联大政治学系毕业生合影。（北京大学校史馆提供）

▲ 西南联大历史系四年级毕业生与五位教授合影。（北京大学校史馆提供）

▼ 西南联大外语系1946级部分毕业生合影。（选自《西南联合大学纪念册》）

第12章 桃李芬芳

国立西南联合大学图史

第 13 章
联大永在

第13章 联大永在

国立西南联合大学办学九年育才八千，学术研究成果丰硕，在中国教育史上谱写了光辉的篇章，为国内外所瞩目。半个多世纪以来，西南联大的校友们怀着对母校的无限深情，身体力行，传承着西南联大精神。用他们毕生的精力，用为国家为民族做出的杰出业绩回报着母校。如今已耄耋之年的校友们，回首往事，无不感慨万千。冯至教授在1987年4月5日的校友聚会上说，他已是年过八十的人了，但是感到一生中最值得怀念的是在昆明生活的八年，那是他最穷又最快乐的八年，也是他读书最认真的八年。娄成后教授在给西南联大北京校友会的信中写道："昆明校中度过七载，生活虽然很清苦，可是八十年岁月中过得最为愉快的时期，逢人乐道。"刘东生研究员曾对一位校友说："66年来，我没有离开过西南联大！"他在《一点感想》一文中写道："在学校里，受到了袁复礼、冯景兰、孙云铸、王恒升、米士等老师们的教诲和影响。他们以身作则，教我们把跋山涉水征服祖国的每一个角落作为一个地质工作者的当然的天职和无穷的乐事，给我在思想上和业务上为后来参加这一工作做好了准备。""刚毅坚卓"这一西南联大精神伴随了他一生。吴大猷教授在给西南联大北京校友会的信中写道："在西南联大八年，身经国家艰苦抗战历史，亦个人生命中极重要的一部。数十余年来，对在西南联大的一一种切，历历在目，未稍忘怀也。"张定华校友在《感念母校》一文中写道："离开母校，进入社会，几十年中，道路崎岖坎坷，屡遭挫折与磨难。但即使在最严酷艰辛的岁月中，母校的教导也常给我以力量和鼓舞。"杨振宁教授在《21世纪的中国靠你们来建设》一文中写道："我一生非常幸运的是在西南联大念过书，因为西南联大的教育传统是非常好的，这个传统在我身上发挥了最好的作用。"至今他还保存着当年听王竹溪教授讲授《量子力学》时所记的笔记。王式中校友一直保存着周培源教授讲授《力学》时分发给同学的讲义，讲义用中文书写，手刻油印，其中有一部分是周先生亲自刻写的。此外还保存着听陈省身教授讲授《微分几何》时所记的笔记，用英文书写，整齐娟秀。这两份材料珍藏了四十余年，历经波折，2002年联大六十五周年校庆纪念时捐赠给了西南联大北京校友会。更为难得的是一面西南联大校旗，用土布制成，虽已相当破旧了，却被同学带在身边，一一相传，珍藏了几十年。原被同学保存在昆明，后想带到北京，但由于客观情况错综复杂，不断变化，沈元寿校友一直将其带在身边，由上海至南京，至台湾，至美国，直到1996年带回国内，经校友会研究，原件保存在云南师大，北大、清华、南开各保存一面复制件，展示给三校的师生们。

联大校友视北大、清华、南开、云南师大为母校。联大校庆日和四校校庆日是老校友们聚会的绝好机会，只要条件允许，都以极高的热情踊跃参加，体弱的手持拐杖，有的行动不便，让家人推着轮椅来参加活动。为发扬西南联大传统，增进海内外校友友谊，共同为国家建设和祖国统一做出贡献，在西南联大校友相对集中的地方，都有校友会的组织，如：云南、北京、天津、上海、南京、广州、武汉、长沙、山西、重庆、香港、台湾、伦敦、纽约、旧金山、洛杉矶、夏威夷以及泰国、加拿大等地。为欢迎外地或海外归来的校友，部分同学聚会是常有的。老同学见面，情不自禁地会共叙起那难忘的岁月，当年的一情一景历历在目，记忆犹新。难忘的恩师，精彩的课堂讲授，跑图书馆抢占座位，茶馆内的读书与讨论，民主广场的集会，参军参战的豪情，躲避空袭的土坡土洞，四处兼差的奔波，蒙自南湖边的切磋，叙永伴读的油灯……一幕幕满怀深情的回忆常常使校友们兴奋不已，感慨万端。为了记录下联大的历史和对这段历史的珍贵回忆，几十年来，联大校友们搜集整理资料，奋笔疾书，出版了

《国立西南联合大学校史》、《国立西南联合大学史料》、《中国教育史上的一次创举》、《中共西南联大地下组织和群众革命活动》、《一二·一运动史料》、《一二·一运动史》、《笳吹弦诵情弥切》、《笳吹弦诵在春城》、《难忘联大岁月》等多种著作和文集。西南联大北京校友会编辑的《西南联大北京校友会简讯》从1984年的第1期出至现今的第40期。这大量的文字，既表达了对母校、恩师、同学的怀念之情，也为后人研究、学习和传承西南联大精神提供了条件。老校友贺联奎不顾年事已高，对原联大校址进行多次考察，并绘制或复绘平面图、分布图、示意图等20多幅，反映了历史的真貌。为了纪念西南联大建校50周年，1988年校友们集资在云南师大校园内兴建了国立西南联合大学纪念亭。纪念亭由三座亭子组成，象征着当年北大、清华、南开三校团结合作组成联大的历史。在北大、清华、南开校园内也先后建立了西南联大纪念碑。当年，西南联大曾继承了三校的优良传统。如今，三校在传承着西南联大精神。冯友兰教授生前在回首往事时曾说："西南联合大学之终始，岂非一代之盛事，旷百世而难遇者哉，今天，联大精神仍应弘扬之。"

联大师生始终保持联大的传统，把个人命运和国家的前途融合在一起，年逾古稀，仍时时关心着国家的发展，民族的未来。1994年底一项由联大校友自发为"希望工程"捐款的活动开始了。首先由许冀闽、王亦娴、杨义、张家环、鲍纫秋、徐惠英、关英等7人发出倡议书，继而由95岁高龄的陈岱孙教授带头签名，共133名校友签名的《为捐建"西南联大希望小学"筹款告校友书》寄往海内外联大校友家中。告校友书中写道："回想我们那一段不平常的大学生涯，生活那么艰苦，学习条件那么简陋，而我们能在联大精神哺育下，在名师教导下，终于完成了学业，学会了做人，怀着'中兴业，须人杰'的豪情，步入了社会。半个多世纪来，每人都以自己所学，在各自岗位上做出了贡献，于今已为人祖父母了。作为联大人，我们无比幸福和骄傲！可是面对着这千百万失学的孙辈儿童，我们能无动于衷吗？他们也是祖国的花朵，祖国的明天啊！""这不仅是提高我国人民素质，增强国力之根本，也是我们对那一段难忘的大学生活的最好纪念。""校友们，让我们在垂暮之年，再伸出双手，为托起'祖国的明天'尽一份力量吧！"发起书在联大校友中引起强烈的反响，校友们纷纷解囊，一张张汇款单雪片似地飞往收款组。有的校友多次捐款；有的校友已去世，家人代为捐款；有的校友家属也捐了款。一位病中校友在信中说："我已成了卧病医院床头与癌症搏斗的老翁了，不胜落叶悲秋之感，但见到陈老带头签名筹款，才觉我们这一辈还不算老，人虽已离休，心仍系后代，虽一生清贫，仍尽力解囊，邮去300元，愿集腋成裘，愿联大师生风范再现西南高原。"一位80多岁的校友，老伴已去世，自己孤独一人，当他知道此事后，马上寄来热情响应的信，并捐款50元，而他每月的退休金仅仅是280元。钱钟书教授重病入院，闻讯后即让家属捐款1000元。湖南一位校友，一生坎坷，安置问题一直未解决，一些校友曾隐名寄款资助他，然而就是生活如此困难的他还捐资100元。从1995年2月25日发出告校友书，至6月8日止共收到捐款70余万元。原来拟定到此结束的捐款活动却欲罢不能，捐款仍在继续，只好一再延期。至1996年3月31日才郑重宣布捐建希望小学活动结束。但捐款仍在继续。至2000年1月，共有1573人次参加，捐款已达150多万元。对于靠离退休金生活的联大校友来说，这个数字来之不易啊！这笔款，除援建6所以西南联大命名的希望小学外，还用于以下方面：设立西南联大希望工程奖励基金，奖励希望小学的优秀学生和优秀教师；捐助由云南省妇联设立的西南联大春蕾助学基金，用以资助几十名即将失学的女童继续上学；购买33套以西南联大命名的希望书库（500册／套），分赠云南境内33所希望小学；1998年特大洪灾时，捐赠西南联大帐篷小学7个；捐赠麻风病人后代专项助学基金；购置希望小学的教学、文体用品及学生的学习、生活用品等。

  西南联大已成为历史，联大校友也都进入高龄。如何使联大的精神永存，使她的影响长远流传下去，是许多校友近年常常思考和议论的事。经过长期酝酿，西南联大北京校友会于1999年10月27日召开常务理事会，决定向海内外校友发出倡议，募集捐款，建立西南联大教育奖励基金。由西南联大北京校友会名誉会长朱光亚等37位校友签名发出的《建立西南联大教育奖励基金倡议书》中写道："呼吁海内外的校友们行动起来，筹建一个'西南联大教育奖励基金'，作为对西南联大的长远纪念。这个基金可以用于奖励北大、清华、南开和云南师大四所大学的优秀学生和优秀教师，并可用于支持对西南联大的研究课题和著作出版。""我们也以这奖励基金来纪念创建并领导西南联大的张伯苓、蒋梦麟，梅贻琦三位常委，联大为民族独立和人民解放事业献身的烈士们，并缅怀教育过我们的师长们。我们还用建立这个基金表示对湘滇川三省父老及海内外所有支持和关心过西南联大的各界人士的感谢和怀念。"倡议书发出后，校友们积极响应，不少校友退休后，经济并不宽裕，身体又常有病，为了表达对母校的深厚感情及对教育事业的支持，宁愿节省其他开支，尽其所能捐助教育奖励基金。4年多来共捐助人民币120余万元。2004年开始运作，经与四校商定，给每个学校拨30万元，各校再拨出等额的资金，合成为各校的"西南联大奖学金"的基金，用于奖励品学兼优的学生。

  校友江国采是一位有爱心、关心公益事业的女同学，现定居香港。她除在西南联大教育奖励基金中捐助1万元外，为纪念毕业60周年及恩师陈岱孙教授，2004年4月，她又将100万元支票面交西南联大北京校友会，用于奖励北京大学、清华大学、南开大学三校经济、金融、经管类院系成绩优秀的研究生。她不愿用自己的名字命名，经多次协商后才决定用"西南联大国采奖学金"命名。

校友李德章1988年10月自台湾赴昆明参加联大建校50周年纪念活动时，亲身感受了11月6日的滇南大地震，他十分关心震区同胞，返台后即多方奔走，会同好友及同事发起赈灾募捐，两周内即募得100万美元。12月初电汇灾区，并组织赶运大批药品及日用品等。他在日后给校友的信中谈及此事时说："区区同胞爱，实乃母校之召感，不足挂齿。"

几十年来，一桩桩一件件感人的事迹不胜枚举，校友们参加的各种捐献活动更是无法一一记述。他们一次次捐出的不仅仅是钱，而且是对祖国、对人民、对后代的爱心，是对教育是建国之本的信念，对后代的希望，对祖国明天的希望。

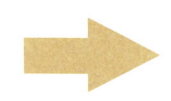

第 13 章 联大永在

▲ 每逢校庆日联大校友便欢聚一堂。图为为纪念国立西南联合大学建校65周年于2002年11月1日在北京大学举行大会的会场。〔西南联大北京校友会提供〕

◀ 校庆日必高唱《西南联合大学校歌》。〔北京大学校史馆提供〕

▼ 1946年11月2日，北平《益世报》关于三校复员平津后首次纪念联大校庆活动的报道。〔北京大学图书馆提供〕

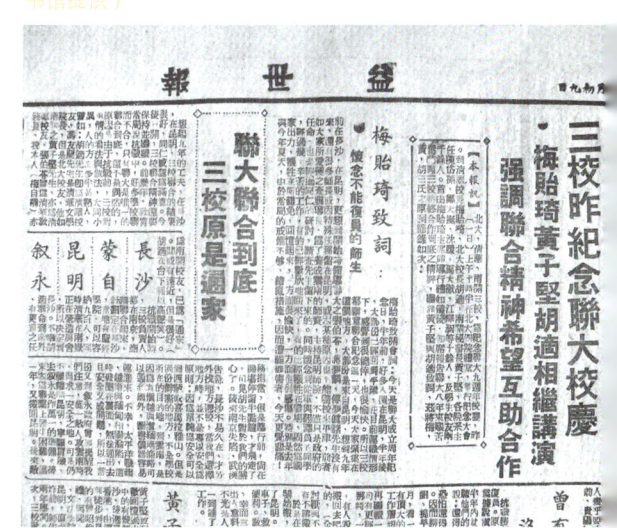

▶ 校友们兴高采烈地购买新复制的校徽等纪念品。（西南联大北京校友会提供）

▼ "这就是我们原来上课的教室"。（云南西南联大校友会、云南师范大学提供）

▲ 校友们瞻仰"一二·一"四烈士墓。（云南西南联大校友会、云南师范大学提供）

▼ 1996年4月5日，在天津的西南联大校友庆祝联大校庆时，于南开大学新图书馆与化学楼间广场上种植了9棵柏树，以纪念西南联大9年艰苦岁月，并立碑留念。（杨启勋提供）

▲ 1949年巴黎大学西南联大校友欢迎梅贻琦校长到巴黎出席联合国教科文组织会议，合影于协和广场。左起：何申、许渊冲、梅贻琦、林宗基、吴其昱、卢浚、田方增。（许渊冲提供）

▲ 旧金山西南联大校友集会庆祝西南联大建校50周年。（叶晓石提供）

第13章 联大永在

▲ 1991年4月来京参加清华大学80周年校庆的西南联大台湾校友在故宫内合影。〔西南联大北京校友会提供〕

▼ 著名物理学家吴大猷教授回大陆访问，与西南联大北京校友会名誉会长陈岱孙教授等亲切会面。左起：赵忠尧、李政道、吴大猷、陈岱孙、沈克琦。〔选自《西南联大北京校友会简讯》第12期〕

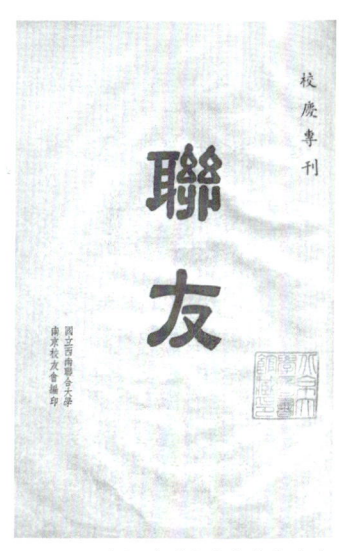

▲ 1947年西南联大南京校友会会刊校庆专刊《联友》。〔北京大学图书馆提供〕

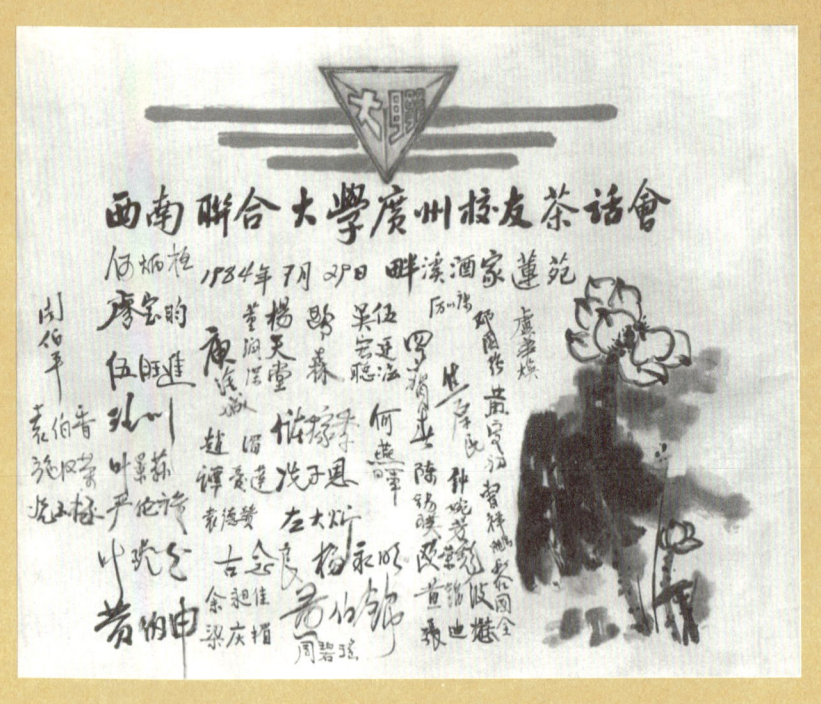

▲ 1984年7月29日西南联大广州校友茶话会上签名留念。（西南联大北京校友会提供）

▲ 1985年2月3日，西南联大上海校友会成立。图为名誉会长们和筹备组人员合影。前排左起：袁随善、张友端、殷宏章、钮经义、沈善炯、严灏景、张媛美（张伯苓常委之孙女）；后排左起：凌仁、褚沈英、何文声、周大昌、汪昌祚、陶国铸、？、王治平。（西南联大北京校友会提供）

第13章 联大永在

◀ "国立西南联合大学重庆校友会"印章印模。印章是1946年刘国铤烈士在重庆制作的,原件作为文物保存在红岩纪念馆。(西南联大北京校友会提供)

▲ 西南联大校友捐款援建的云南省文山县德厚乡感古村西南联大感古希望小学落成典礼。(关英提供)

▼ 为表彰杨霖校友向西南联大教育奖励基金捐赠港币50万元的盛举,西南联大北京校友会和西南联大教育奖励基金委员会于2002年11月25日向杨霖校友及夫人邝淑婷女士赠送纪念牌,以表谢意。图为捐赠仪式后,由梅祖彦会长等陪同参观北京大学校史馆,并在西南联大三常委像前留影。左起:闻立雕、杨夫人、杨霖、梅祖彦、沈克琦、包起云(杨的好友)。(西南联大北京校友会提供)

国立西南联合大学和昆明师范学院革命烈士纪念碑于1995年12月1日揭幕。纪念碑坐落于云南师大校园内，上面用金字镌刻着西南联大15位烈士和昆明师院12位烈士的英名，让后人永远崇敬。（选自《西南联大精神永垂云南》）

▲ 西南联大北京校友会赠送给为西南联合大学教育奖励基金捐款校友的纪念卡。（西南联大北京校友会提供）

▲ 国立西南联合大学纪念亭揭幕典礼于1988年10月31日上午举行。纪念亭坐落在云南师大校园内联大路西侧，由三座三角形的亭子组成，翘角飞檐，朴素大方，保持了西南联大艰苦朴素的传统，还体现了云南少数民族的特有风格。纪念亭的匾额是黑底金字，采自闻一多先生为国立西南联合大学纪念碑匾额所写字体，只有一个"亭"字是仿写的。三亭象征当年北大、清华、南开三校团结合作组成联大的历史，也表达了校友对联大的怀念之情。（西南联大北京校友会提供）

▲ 国立西南联合大学工学院旧址标志碑于1991年11月1日下午在西南联大工学院旧址（今昆明市拓东第一小学内）举行揭幕仪式。碑名为"国立西南联合大学工学院旧址"，背面镌刻着"抗日战争期间，北京大学、清华大学、南开大学三校南迁昆明组成国立西南联合大学，其中工学院设于此地"。〔选自《西南联大北京校友会简讯》第14期〕

▼ 国立西南联合大学叙永分校纪念碑揭幕仪式于1990年5月20日上午在叙永春秋祠举行。纪念碑左侧并立着3块石碑，碑文是叙永分校杨振声等70位师长和近700学子的姓名。〔选自《西南联合大学叙永分校建校五十周年纪念集》〕

▼ 复制的国立西南联合大学纪念碑于1989年5月4日在北京大学校园内建成。原碑坐落在云南师范大学校园内。〔北京大学校史馆提供〕

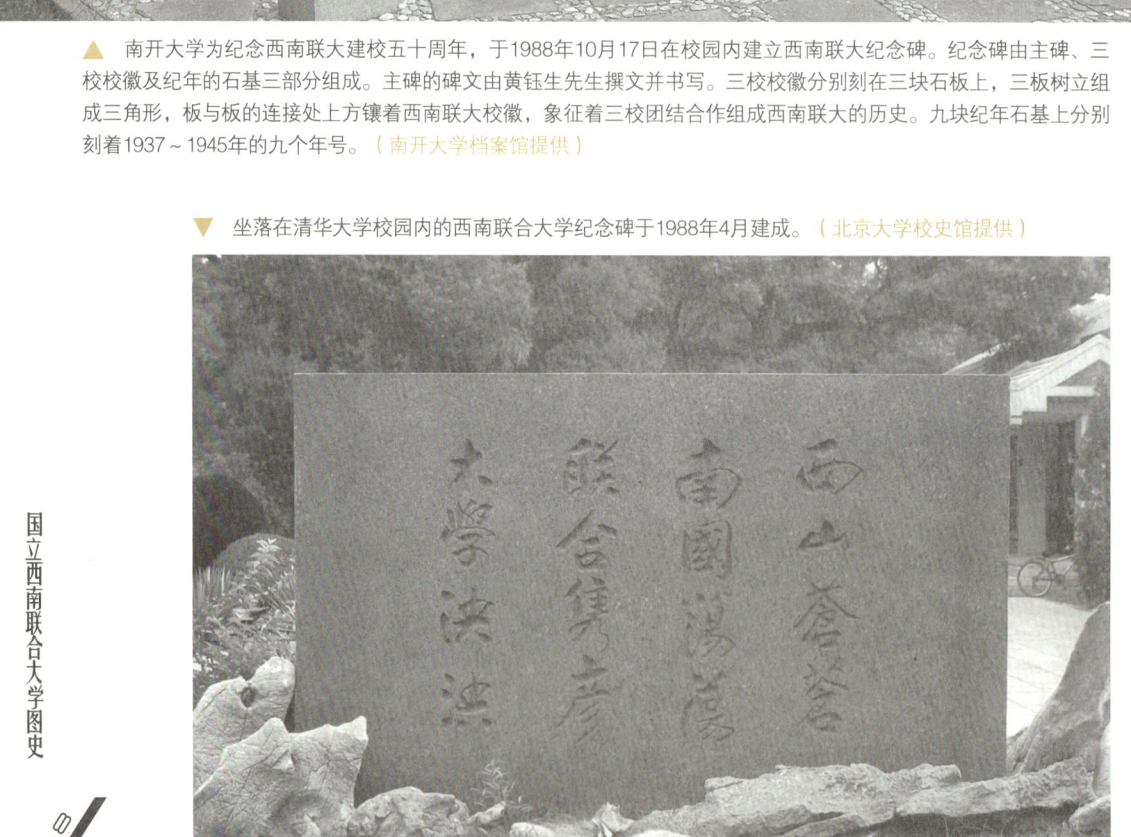

▲ 南开大学为纪念西南联大建校五十周年，于1988年10月17日在校园内建立西南联大纪念碑。纪念碑由主碑、三校校徽及纪年的石基三部分组成。主碑的碑文由黄钰生先生撰文并书写。三校校徽分别刻在三块石板上，三板树立组成三角形，板与板的连接处上方镶着西南联大校徽，象征着三校团结合作组成西南联大的历史。九块纪年石基上分别刻着1937～1945年的九个年号。（南开大学档案馆提供）

▼ 坐落在清华大学校园内的西南联合大学纪念碑于1988年4月建成。（北京大学校史馆提供）

▲ 联大校友编撰的部分著作、文集及简讯等。〔北京大学校史馆提供〕

第13章 联大永在

缅怀西南联合大学
王力

芦沟变后始南迁,
三校联肩共八年。
饮水曲肱成学业,
盖茅筑室作经筵。
熊熊火炬穷阴夜①,
耿耿银河欲曙天②。
此是光辉史一页,
应教青史有专篇。

① 指一二一运动。
② 指中国将解放。

▲《应教青史有专篇》——王力先生1983年为西南联大北京校友会成立而作。（北京大学校史馆提供）

西南聯合大學
建校五十週年紀念碑
集三校之俊彥育四海之英才
安貧樂道師生同儔科學民主
壯志滿懷念八年昆明之既往
迎廿一世紀之即來

黃鈺生
一九八八年十一月一日

▲ 黄钰生先生为南开大学纪念西南联大建校50周年所建纪念碑撰文并书写的碑文。（云南西南联大校友会、云南师范大学提供）

五十年前抗战大后方一个宏伟的教育部署，今日成为回朔中倍觉亲切怀念的史端。

纪念
西南联大叙永分校建校五十周年

陈岱孙 九三年七月

▲ 陈岱孙先生的题词。（选自《西南联合大学叙永分校建校五十周年纪念集》）

無名安市隱
有業利群生

此聯為西南聯大吳宓先生所撰時在一九三八年秋吳先生授課餘暇進城常在此甜食小店稍事休息啜糖粥佐以甜餅粥中有棗及紅豆味美而價廉店堂寬不盈丈主人溫文儒雅絕市井氣余亦常臨此店往事歷三轉瞬逾五十年店主人與吳先生皆木已拱重書舊聯以志遠懷

任繼愈 于一九九一年春

▲ 任繼愈先生的墨跡。（選自《西南聯大在蒙自》）

▼ 冯至先生为纪念西南联大55周年校庆题词。（选自《西南联大北京校友会简讯》第12期）

> 抗日战争时期西南联大师生在中国教育史上写出辉煌灿烂的篇章，祝西南联大精神永存。
>
> 冯至

第 13 章 联大永在

▶ 费孝通先生的题词。（选自《庆祝西南联合大学成立65周年纪念特辑》）

> 中国近代教育史上的一座丰碑
> 西南联大成立六十五年
> 费孝通

办学九年育才八千
桃李芬芳社会栋梁

彭珮云
二〇〇二年九月

▲ 彭珮云女士题词。（选自《庆祝西南联合大学成立65周年纪念特辑》）

▼ 王般先生的题词。（选自《西南联大在蒙自》）

子大红榴美
高楼挺碧寨
风光识蒙自
不忍忆华年
王般一九九三于北京
外交学院
时年八十有一

怀念我道法高尚、芦檬坚贞、学问渊博的老师和同学们，蒙自絜桨，五十有五年矣。

千秋耻 既已雪
中兴业 需人杰

为特刊题
杨振宁 二〇〇二年七月

▲ 杨振宁先生的题词。（西南联大北京校友会提供）

回忆昆明联大时
清晨茶馆日复日
设备简陋学习勤
研究启蒙茂原地

纪念西南联大建校
六十五周年

李政道
二〇〇二年七月十九日

▲ 李政道先生的题词。（西南联大北京校友会提供）

▶ 山鹰社考察队与云南师范大学考察队在富源县会合。两支队伍沿着当年湘黔滇旅行团师生走过的路线继续前进。经曲靖取道蒙自，于8月13日抵达昆明。沿途还按计划对贫困地区的教育状况进行了考察。（北京大学山鹰社提供）

◀ 为探寻西南联大的历史足迹和不朽精神，北京大学山鹰社"重走西南联大路"考察队的11位同学于1997年7月22日自北京出发赴长沙，27日从长沙沿着西南联大湘黔滇路前进。〔北京大学山鹰社提供〕

▲ 考察队在闻一多、李公朴衣冠冢和"一二·一"四烈士墓前合影留念。〔北京大学山鹰社提供〕

◀ 《风雨联大路》是这次考察活动的书面总结。〔北京大学山鹰社提供〕

参考文献

1. 北京大学、清华大学、南开大学、云南师范大学档案。
2. 王学珍等《国立西南联合大学史料》，云南教育出版社，1998。
3. 西南联大北京校友会《国立西南联合大学校史》，北京大学出版社，1996。
4. 王学珍等《北京大学史料》第3卷，北京大学出版社，2000。
5. 王学珍等《北京大学纪事》，北京大学出版社，1998。
6. 清华大学校史研究室《清华大学史料选编》，清华大学出版社，1994。
7. 清华大学校史研究室《清华大学九十年》，清华大学出版社，2001。
8. 方惠坚等《清华大学志》，清华大学出版社，2001。
9. 王文俊等《南开大学校史资料选》，南开大学出版社，1989。
10. 南开大学校史编写组《南开大学校史》，南开大学出版社，1989。
11. 梁吉生《张伯苓教育思想研究》，辽宁教育出版社，1994。
12. 西南联大北京校友会《西南联大北京校友会简讯》（1~40），

北京大学出版社，1984~2005。

13. 西南联大校友会《笳吹弦诵在春城》，云南人民出版社、北京大学出版社，1986。

14. 北京大学校友联络处《笳吹弦诵情弥切》，中国文史出版社，1988。

15. 云南西南联大校友会《难忘联大岁月》，云南教育出版社，1998。

16. 黄恩德等《内迁院校在云南》，云南人民出版社，1998。

17. 陈永年等《抗战时期文化名人在昆明·一》，云南美术出版社，2000。

18. 陈永年等《抗战时期文化名人在昆明·二》，云南人民出版社，2002。

19. 云南西南联大校友会《西南联大精神永垂云南》，云南教育出版社，2003。

20. 姚丹《西南联大——历史情景中的文学活动》，广西师范大学出版社，2000。

21. 王元《华罗庚》，江西教育出版社，1999。

22. 蒋梦麟《西潮》，台湾凤凰城图书公司，1984。

23. 浦江清《清华园日记·西行日记》，生活·读书·新知三联书店，1999。

24. 金以林《近代中国大学研究》，中央文献出版社，2000。

25. 杨立德《西南联大教育史》，成都出版社，1995。

26. 张寄谦《中国教育史上的一次创举——西南联合大学湘黔滇旅行

团纪实》，北京大学出版社，1999。

27. 胡嘉《滇越游记》，商务印书馆，1940。

28. 教育部年鉴编纂委员会《第二次中国教育年鉴》，商务印书馆，1948。

29. 西南联大昆明校友会、云南师范大学《西南联大纪念册》，1988。

30. 杨立德《西南联大的斯芬克司之谜》，云南人民出版社，2005。

31. 中共云南省委党史资料征集委员会等《一二·一运动》，中共党史资料出版社，1988。

32. 孙代兴等《云南抗日战争史》，云南大学出版社，1995。

33. 北京五岳文化咨询公司《第二次世界大战图史》，华夏出版社，1995。

34. 江堤、彭爱学《岳麓书院》，湖南文艺出版社，1995。

35. 北京高等教育志编委会《北京普通高等教育志》，华艺出版社，2004。

36. 王永兴《陈寅恪先生史学述略稿》，北京大学出版社，1998。

37. 南开校友总会《南开校友通讯》（复19期），1996。

38. 刘述礼等《梅贻琦教育论著选》，人民教育出版社，1993。

39. 清华大学校史研究室《清华人物志》（三），1994。

40.《沈同教授纪念文集》（非正式出版物），1995。

41.《海宁同乡会讯》（非正式出版物），1993。

42. 刘绍唐《永怀查良钊先生》，传记文学出版社（台北），1986。

43. 周培源《周培源文集》，北京大学出版社，2002。

44. 沈克琦等《北大物理九十年》（非正式出版物），2003。

45. 冯尔康等《郑天挺学记》，生活·读书·新知三联书店，1991。

46. 梁吉生《张伯苓与南开大学》，山西教育出版社，1995。

47. 任之恭《一位华裔物理学家的回忆录》，山西高校联合出版社，1992。

48. 江南《龙云传》，中国友谊出版公司，1989。

49. 谢本书《龙云传》，四川民族出版社，1988。

50. 柏万良《创造奇迹的人们》，湖北教育出版社，2001。

51. 聂冷《华罗庚传》，中国青年出版社，1998。

52. 陈省身《陈省身文选》，科学出版社，1989。

53. 刘仙洲纪念文集编辑小组《刘仙洲纪念文集》，清华大学出版社，1990。

54. 中国科学技术协会《周培源》，中国科学技术出版社，2003。

55. 蒙自师范高等专科学校、蒙自县文化局、蒙自南湖诗社《西南联大在蒙自》，云南民族出版社，1994。

56. 张闻博、何宇《西南联合大学叙永分校建校五十周年纪念集》（非正式出版物），1993。

57. 西南联大昆明校友会、云南师范大学《西南联大暨云南师大建校五十周年纪念集》（非正式出版物），云南师大学报编辑部，1988。

58. 西南联大党史编写组《中共西南联大地下组织和群众革命活动

简史》，云南人民出版社，1994。

59. 王刚、梅祖彦等《国立西南联合大学一九四六级毕业五十五周年纪念册》（非正式出版物），2001。

60. 徐胜蓝、孟东明等《大师情怀·杨振宁》，山东画报出版社，2001。

61. 杨振宁、张尊宇《杨振宁文集》，华东师范大学出版社，1998。

62. 江才健《杨振宁传》，台北天下远见出版股份有限公司，2002。

63. 蒋东明《李政道》，河北教育出版社，2001。

64. 黄昆《黄昆文集》，北京大学出版社，2004。

65. 闻立雕等《诗人 学者 民主斗士——闻一多》，中国摄影出版社，1996。

66. 张筱强等《图片中国百年史·上》，山东画报出版社，1994。

67. 程栋等《旧中国大博览·下》，科学普及出版社，1995。

68. 中国国际战略研究基金会《中国人民抗日战争史录》，中央文献出版社，1995。

69. 中国人民抗日战争纪念馆《"七七事变"图集》，学苑出版社，2002。

70. 中国人民政治协商会议北京市委员会文史资料研究委员会《日伪统治下的北平》，北京出版社，1987。

71. 徐学增等《中外记者笔下的第二次世界大战》，东方出版社，1987。

72. [德]约翰·拉贝，本书翻译组《拉贝日记》，江苏人民出版社、江苏教育出版社，1997。

73. 萧超然等《北京大学校史（1898～1949）》（增订本），北京大学出版社，1988。

74. 北京大学历史系编写组《北京大学学生运动史1919～1949》，北京出版社，1979。

75. 本书汇编小组《北京大学"一二·九"运动回忆录》，北京大学出版社，1985。

76. 北京大学党史校史研究室《北大英烈》，北京大学出版社，1992、1997。

77. 王效庭、黄文一《战斗在北大的共产党人》（增订本），北京大学出版社，2003。

78. 北京大学校史馆《北京大学校史馆展览导读》（非正式出版物），2003。

79. 朱育和、陈兆玲《日军铁蹄下的清华园》，清华大学出版社，1995。

80. 黄延复《图说老清华》，长江文艺出版社，2002。

81. 清华大学校史研究室《清华革命先驱·上》，清华大学出版社，2004。

82. 南开大学办公室《杨石先纪念文集》，南开大学出版社，1999。

83. 燕大文史资料编委会《燕大文史资料》第三辑、第十辑，北京大学出版社，1997。

84. 董鼎等《学府纪闻·国立西南联合大学》，台湾南京出版有限公司，1981。

85. 张曼菱《照片里讲述的西南联大故事》，人民文学出版社，2003。

86. 陈明远《文化人的经济生活》，文汇出版社，2005。

87. 马嘶《1937年中国知识界》，北京图书馆出版社，2005。

88. 龚古今、郅修《第一次世界大战以来的帝国主义侵华文件选辑》，生活·读书·新知三联书店，1958。

89.《国立北京大学一九三七级毕业同学录》（非正式出版物），1937。

90. 郑哲敏《郭永怀先生诞辰九十周年纪念文集》，气象出版社，1999。

91. 马京生《中国当代著名科学家陈芳允》，贵州人民出版社，2005。

92. 李大耀《中国当代著名科学家王希季》，贵州人民出版社，2005。

后 记

在《国立西南联合大学校史》、《国立西南联合大学史料》等前人已有成果的基础上，编写一本图史，采用图文并茂的形式，真实直观、形象生动地反映抗战期间西南联大那一段历史岁月，是我们由来已久的愿望。正巧，云南教育出版社的同志也希望编辑出版一套有关西南联大的书系，并不辞辛苦多次来京详商，又做了切实的安排，遂使这一愿望得以实现。但要以"图史"的形式将西南联大历史呈献给读者并非易事。虽然有多年的校史研究、展览作为基础，可是图史需要系统、全面、形象地反映联大的真实面貌，手头资料尚感不足。于是我们采取发信征集、登门拜访、广查资料等方法，经几年的努力，共收到捐赠或供使用的照片、实物、书刊、题词等约两千余件，从中选取、复制、拍摄近七百件纳入本书。其中有不少是首次与读者见面的。如当年教授夫人们的绣制品、实验用的石英比重瓶、美国国防部颁发给联大从军学生的证书、云南教育厅与联大合办中教晋修班师生合影等等。这些不仅丰富了本书的内容，使读者对联大有更多的深入的了解，而且为研究联大提供了更多的资讯。

本书初始动议由郭建荣、杨立德提出，其构思、框架及章节的编排均由郭建荣完成并经集体商定。第一章由郭建荣、周爽、刘晋伟编写，第二、三章由周爽编写，第四、五章由马建钧编写，第六、十章由李向群编写，第七、八章由郭建荣编写，第九、十一章由杨立德、郭建荣编写，第十二、十三章由张爱蓉编写。郭建荣撰写了前言并负责全书的统编统校。清华大学档案馆孙宇华、朱俊鹏，清华大学校史研究室徐振明、冯茵、刘惠莉，南开大学档案馆李广凤、李世锐等负责有关资料的搜集与整理，北京大学校史馆文清河承担了大部分图片的复制等技术性工作，北京大学校史馆邸玉红、王丕章做了部分资料的搜集和复制工作。

对于所有资料的选取我们遵循了以下原则：1."地近则易核，时近则迹真"，把档案资料放在首位，经常以档案绳其余；2.回忆文章或后人记述往往有不一致之处，除以档案为绳，或请教专家，或多方查证外，则从众；3.宁缺毋滥，对若干存疑而实在无法查证的资料（含照片）宁可放弃，而不以讹传讹；4.资料的编排并不绝对以时间为序，而是在适当分门别类之下按发生先后排列，如有例外，定有原因；5.同一照片，多人提供，则只选其一；6.关于名师的选列，中央研究院院士、中国科学院院士等有硬线，比较好办，此外者谨依据《国立西南联合大学校史》、大百科、相关志书、名录等工具书。但见仁见智，不能尽如人意，或有挂漏不当之处，但大体如此。由于年代久远，照片寻觅颇难，不能如愿让读者目睹所有名师的当年风采，思筹再三，只列出了中央研究院首批院士、中国科学院首批院学部委员中的联大教师们的照片，并是目前能找到的最好照片，但仍有一些质量不能令人满意，敬请朋友们谅解；同样，毕业生中也谨以中国科学院院士、中国工程院院士、外籍院士、两弹一星功勋奖章获得者、国家最高科技奖获得者、诺贝尔奖获得者及革命烈士等的照片刊出。众多芬芳桃李无法全部收入，诚为憾事。

全书共收图片近七百幅，一部分来自北京大学校史馆馆藏，一部分来自广泛的征集，包括档案、文献资料的查阅，以及西南联大校友及亲属等各种方式的提供。我们对图片的出处均给予注明（未注者均为张寄谦提供），谨志尊重，亦便查考。部分照片未及与作者联系，在此谨致衷心地感谢，定请联络我们。本着以图证史、以史述图的观点，每一章我们都编写了概述，便于大家了解本章的主题和内容；对每幅图片均由编者酌予说明，力求能够较为清晰、全面地反映西南联大的历史线索和当时的状况。

本书在图片征集过程中，得到西南联大北京校友会，西南联大天津校友会，云南西南联大校友会，北京大学档案馆、图书馆，清华大学档案馆、校史研究室，南开大学档案馆，云南师大党委宣传部、统战部，云南大学党史校史办公室，北京大学山鹰社、生命科学学院植物教学实验室，北京市档案馆等单位与组织的大力支持和帮助，在此谨表衷心的感谢。

在全书的策划和编写过程中，自始至终得到了西南联大众多校友及其亲属及时的指导、真诚的帮助和热情的鼓励。西南联大北京校友会会长沈克琦先生从一开始就给予我们悉心的指导；张友仁先生已是耄耋之年，多次亲自将珍藏的照片及说明、回忆文章送到我们手中；张寄谦先生把自己辛苦搜集到的两百余幅湘黔滇旅行团的图片无偿提供给我们使用；潘乃穆及钱惠濂先生除提供照片外，还为我们的征集工作提供了大量线索和信息，等等。张青莲、芮沐、周佩仪、李正理、仇永炎、李赋宁、刘自强、许渊冲、庞礼、施熙灿、严宝瑜、吴琼瑂、秦泥、刘晶雯、刘元鹤、贺联奎、卢少忱、夏汝钧、房季娴、杨起、廖作民、汪仁霖、洪世年、许冀闽、吴达文、刘东生、关英、孙晓耕、杨启勋、李晓、王式中、关嵘如、祝彤、李凌、刘又辛、闻立鹏、游宝谅、李静涵、程端生、王荣禧、姜伯驹、罗圣仪、罗泽珣、罗式刚、浦汉明、郑晏、郑克晟、郑克扬、袁刚、袁疆、袁扬、袁鼎、潘乃谷、段蕾、赵维勤、李曾中、钱大都、盛淑兰、叶晓石、吴庆宝、申丹、闻立欣、陈晶、丁小浩、刘普、韩震等都给予我们很大的帮助与支持。另外，曾骥才、张曼菱、李研等也给予我们很多帮助。在这里，我们向他们致以诚挚的感谢和敬意。正是校友们对母校的深厚情谊以及联大刚毅坚卓的精神，时时感动、策励着我们，使我们克服了编写过程中的诸多困难，使本书得以付梓。

　　因篇幅和内容所限，不可能将征集到的所有照片——纳入本书。不过所有照片资料都将作为北京大学校史馆的珍贵馆藏加以精心保管，并用于研究或展览。另外，由于我们水平有限，加之时间仓促，本书不可避免会有错误和疏漏，敬请朋友们给予指正。

云南教育出版社的各级领导自始至终对本书给予了高度关注，及时指导我们的工作。在此，我们表示诚挚的谢意。

最后，再次感谢所有帮助过我们的单位、组织和个人。

周　爽　马建钧

2005年12月于北京大学校史馆

国立西南联合大学图史

图书在版编目（CIP）数据

国立西南联合大学图史 / 郭建荣主编. -- 2版. -- 昆明：云南教育出版社, 2017.11
ISBN 978-7-5599-0229-0

Ⅰ.①国… Ⅱ.①郭… Ⅲ.①西南联合大学 – 校史 – 图集 Ⅳ.①G649.287.41-64

中国版本图书馆CIP数据核字(2017)第289138号

郭建荣　主编

胡平　出版人

赵虎　赵屹　责任编辑

陈旭　书籍设计

张旸　赵宏斌　责任印制

云南出版集团公司·云南教育出版社　出版发行

www.yneph.com　网址

787mm×1092mm　1／16　开本

18.5　印张

210 000　字数

2017年12月第2版第2次印刷　版次印次

昆明西站彩印包装材料有限公司　印装

ISBN 978-7-5599-0229-0　书号

49.00元　定价